하루 15분, 초등 비문학 독해력이 쌓이는 시간

바빠 초등

문해력 신문

1권

이지스에듀

지은이 강연목

강연목 선생님은 서울교육대학원에서 초등국어교육을 전공하고, 현재 서울 자운초등학교에서 어린이들을 가르치고 있습니다. 문해력 향상에 어려움을 겪는 어린이들을 위해 수업 현장에 도입해 성공했던 '뉴스 읽기' 수업 내용을 발전시켜 《바빠 초등 문해력 신문》 1권을 집필했습니다.
학생들이 스스로 생각을 키우고 세상을 이해할 수 있는 힘을 기르기를 바라며 이 책을 만들었습니다.

바쁜 친구들이 즐거워지는 빠른 학습법 - 바빠 초등 국어

바빠 초등 문해력 신문 -1권

초판 인쇄 2025년 11월 1일
초판 발행 2025년 11월 5일
지은이 강연목
발행인 이지연
펴낸곳 이지스퍼블리싱(주)　　　　　　**제조국명** 대한민국
출판사 등록번호 제313-2010-123호
주소 서울시 마포구 잔다리로 109 이지스 빌딩 5층(우편번호 04003)
대표전화 02-325-1722　　　　　　**팩스** 02-326-1723
이지스퍼블리싱 홈페이지 www.easyspub.com　　　**이지스에듀 카페** www.easysedu.co.kr
바빠 아지트 블로그 blog.naver.com/easyspub　　**인스타그램** @easys_edu
페이스북 www.facebook.com/easyspub2014　　**이메일** service@easyspub.co.kr

기획 및 책임 편집 정지연　**편집** 이지혜, 박지연, 김현주　**교정 교열** 김혜영
표지 및 내지 디자인 제갈애슬, 김세리　**전산편집** 책돼지　**일러스트** 김학수, 셔터스톡　**인쇄** 미래피앤피
영업 및 문의 이주동, 김요한(support@easyspub.co.kr)　**마케팅** 라혜주　**독자지원** 박애림, 이세진, 김수경

ISBN 979-11-6303-783-5 64710
ISBN 979-11-6303-784-2(세트)
가격 18,000원

• **이지스에듀**는 이지스퍼블리싱(주)의 교육 브랜드입니다.
(이지스에듀는 학생들을 탈락시키지 않고 모두 목적지까지 데려가는 책을 만듭니다!)

하루 15분, 비문학 독해력이 커지는 지적 즐거움!
《바빠 초등 문해력 신문》

**문해력,
저절로 자라지
않아요!**

'문해력'은 우리 교육의 가장 큰 화두 중 하나입니다. 실세로 학교에서 많은 아이들을 가르치며 느낀 것은 글을 읽고 이해하는 아이들의 능력이 기대만큼 자라지 않는다는 것이었습니다. 최근 서울시 초등 문해력 검사 결과를 보면서, 이 문제가 단순한 체감이 아니라 수치로도 확인되는 시급한 교육 과제임을 다시 한번 실감했습니다.

**교과 어휘력,
비판적 사고력까지
길러 주는
강력한 도구**

이 문제를 해결하기 위해 시도한 것이 바로 '뉴스 읽기' 수업이었습니다. 아이들은 처음에 한자어나 시사 용어가 있고, 문장 구조가 복잡한 뉴스 기사를 어려워했습니다. 이런 어려움을 해결하기 위해 2년 동안 학급에서 매주 뉴스 기사를 활용하는 수업을 꾸준히 운영하자 아이들은 시사 이슈에 흥미를 느끼고, 자신의 생각을 정리하거나 글로 표현하는 데 자신감을 갖기 시작했습니다. 이러한 경험을 통해 신문 읽기가 문해력은 물론 어휘력, 비판적 사고력까지 함께 성장시키는 강력한 도구임을 확인했습니다. 특히 '무엇이 중요한 뉴스인지', '어떤 시각으로 읽어야 하는지'를 이야기하는 과정에서 아이들이 더 넓고 깊은 시야를 갖추는 데 도움이 되었습니다. 또한, 신문 자체가 가장 최신 정보를 담은 사회 교과서와 다름없기 때문에 교과 학습에도 긍정적인 효과를 주었습니다.

**하루 15분,
문해력이 자라는
시간을 만들어요!**

이 책에서 다룬 기사들은 어렵고 무거운 뉴스가 아닙니다. 꼭 알아야 할 이야기, 그리고 생각해 보면 좋을 이야기들입니다. 하루 15분, '공부'라기보다는 '읽기'라는 가벼운 마음으로 시작해 보세요. 40일 후 더 넓게 세상을 바라보고, 더 깊이 생각할 수 있는 사람으로 자라 있을 거예요.
문해력은 단지 글을 잘 읽는 능력이 아니라, 세상을 이해하는 힘입니다. 이 책과 함께하는 모든 아이들이 그 힘을 키우길 바랍니다.

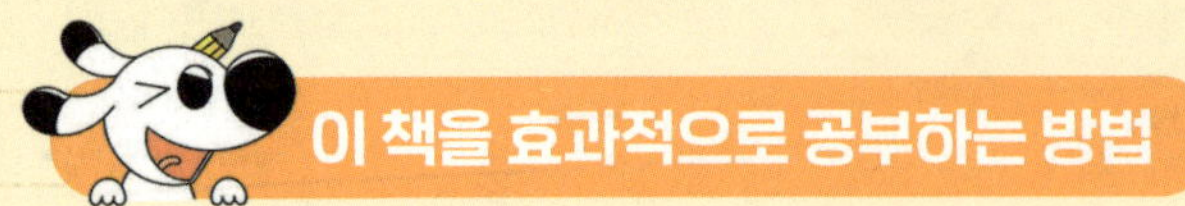

기사는 두 번씩 읽으세요. 처음에는 내용을 파악하며 읽고,
두 번째로 읽을 때는 주요 단어나 문장에 표시하며 읽어 보세요.

1단계 | 어휘 알기

1 다음 빈칸에 알맞은 말을 <보기>에서 골라 쓰세요.

👍 어휘 알기

> **보기**　•어긋나는　•크기　•대충　•자세히

교과 어휘
1 규모: 어떤 일이나 물건의 전체적인 〔　　〕

2 단층: 지각 변동으로 지층이 갈라져 〔　　〕 현상

교과 어휘
3 조사(調査): 어떤 사실을 〔　　〕 알아보고 살펴보는 일

낱말 뜻부터 알아두자!

기사에 나오는 주요 낱말의 뜻을
빈칸을 채우며 익히세요. 주요 낱말의
뜻을 모르면 기사의 내용을
제대로 파악하기 어려워요.

2단계 | 이해력

2 기사 내용과 일치하면 ○표, 일치하지 않으면 ✕표를 하세요.

💡 이해력

1 이번 지진은 전북 부안에서 발생했다.　　　　　　　　〔　〕

2 수도권은 이번 지진의 영향을 받지 않았다.　　　　　　〔　〕

3 다음 중 이번 지진이 특히 걱정스러운 이유는 무엇인가요? 　(　)

💡 이해력

① 단층이 모두 안전하게 관리되고 있기 때문이다.

② 규모 4.8의 강한 지진이 우리나라에서 처음 일어났기 때문이다.

③ 그동안 지진이 드물었던 지역에서 꽤 강한 지진이 발생했기 때문이다.

꼼꼼하게 확인하자!

기사 내용과 일치하는 답을
찾아보세요. 답에 해당하는 내용을
기사에서 찾아 밑줄을 그으며, 정확하게
이해했는지 확인해 보세요.

3단계 | 어휘력 +문장력

4 다음 빈칸에 알맞은 말을 <보기>에서 골라 쓰세요.

📖 어휘력

> **보기**　•규모　•단층　•조사

1 지진은 〔　　〕 이 움직이면서 발생하는 자연 현상이다.

2 이번 화산 폭발은 〔　　〕 가 커서 넓은 지역에 피해를 주었다.

3 우리는 과학 과제로 날씨 변화를 〔　　〕 하여 기록했다.

문장에 적용하자!

'어휘 알기'에서 배운 단어를 문장에
적용해 보세요. 문맥에 맞는 단어를
빈칸에 넣고 읽어 보면,
어휘력 뿐만 아니라 문장력도
키울 수 있어요.

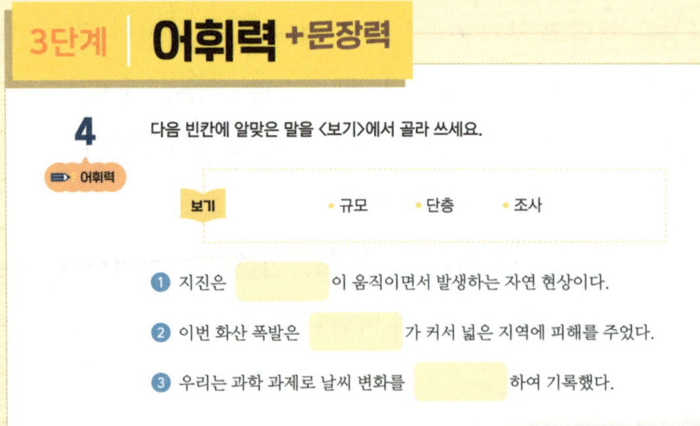

5 📖 문해력

이 기사에 다른 제목을 붙인다면, 알맞은 것은 무엇인가요?　（　　）

① 컵라면은 왜 맛있을까?

② 한라산에서 라면 파티가 열린다!

③ 라면 국물 1컵이 망치는 자연

한 걸음 더 나아가 생각하자!

기사를 읽고 이해한 후 내 관점을 적용해 새로운 제목도 붙여 보세요. 글의 핵심을 파악하고, 스스로 생각하는 힘을 기를 수 있어요.

6 🔍 요약력

기사를 다시 한번 읽고, 글의 중심 문장을 완성하세요. ☐

한 번 더 읽었나요?

ㅈ ㄱ ㅇ ㄴ ㅎ 로 인해 러브버그의 수가 크게 늘면서,

사람들에게 ㅂ ㅋ ㄱ 을 주어 관리가 필요하다.

중심 내용을 한 문장으로 정리하자!

글을 읽고 이해한 중심 내용을 한 문장 또는 한 문단으로 표현해 보세요. 긴 글의 핵심을 찾아내 요약하는 힘을 키울 수 있어요. 초성을 단서로 삼아 문장을 완성해 보세요.

＋ 교과서 한자 어휘 & 어떻게 생각해?

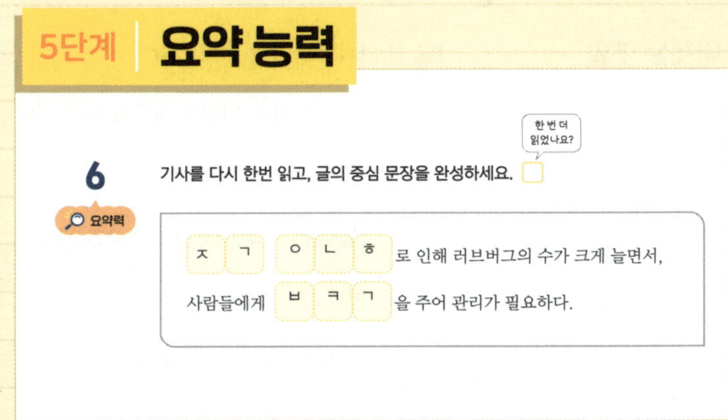

기사에 나온 한자어의 뜻을 익히고, 대표 한자에서 파생된 어휘 3개를 추가로 익혀 보세요. 다른 기사를 읽을 때도 알 수 있는 한자어가 늘어날 거예요.

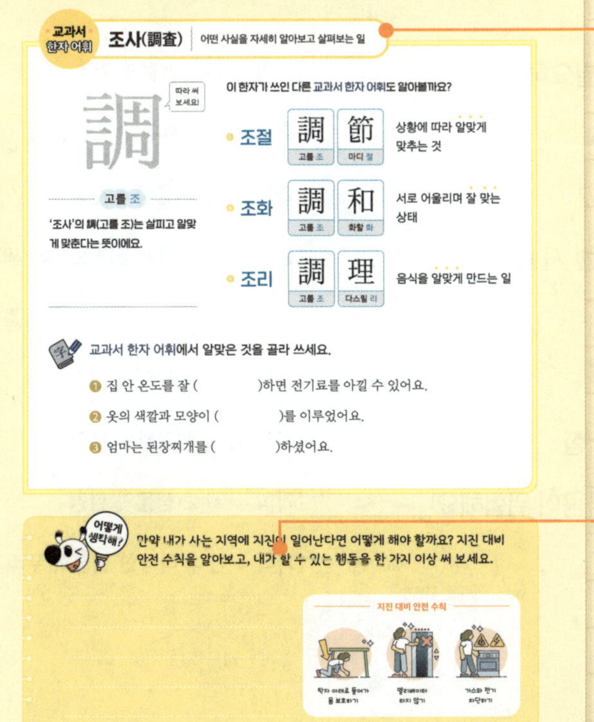

내용을 모두 파악한 후, 기사 내용과 같은 상황에서 나라면 어떻게 했을지를 떠올리며 자신의 생각을 써 보세요. 비판적 사고력을 키울 수 있어요.

바빠 초등 문해력 신문 1권

과학&환경

| | | 초등 교과 연계 |

일러두기 이 책의 기사는 2024~2025년 뉴스를 기준으로 작성되었습니다.

1. 다음 문장 속 '예년'의 뜻은 무엇인가요? (　　)

> 올해는 예년에 비해 더위가 빨리 찾아왔다.

① 지난해　　② 보통의 해　　③ 옛날

2. 다음 문장 속 '올바른'과 가장 가까운 말은 무엇인가요? (　　)

> 그는 올바른 판단을 내렸다.

① 정확한　　② 서툰　　③ 맑은

3. 다음 문장 속 '폭염'의 뜻은 무엇인가요? (　　)

> 이번 여름엔 폭염 때문에 전기 사용량이 크게 늘었다.

① 큰 지진

② 매우 심한 더위

③ 갑작스러운 비

4. 다음 글에서 빈칸에 알맞은 단어는 무엇인가요? (　　)

> 최근 건조한 날씨가 계속 이어지며 산불이 자주 발생하고 있습니다. 불을 낸 사람은 　　　　　 가 아니더라도 법적인 책임을 피할 수 없습니다. "불씨가 없는 재를 버렸다"고 주장해도, 다른 증거가 더 믿을 만하다면 처벌받을 수 있습니다.

① 도리　　② 고의　　③ 선의

5. 다음 문장에서 알 수 있는 것은 무엇인가요? (　　)

> 청소년 5명 중 1명이 스마트폰을 너무 많이 사용한다.

① 청소년 모두가 스마트폰에 중독되어 있다.

② 청소년 대부분은 스마트폰을 사용하지 않는다.

③ 청소년 중 일부가 스마트폰을 과도하게 사용한다.

6. 다음 문장에서 알 수 있는 것은 무엇인가요? (　　)

> 우리나라도 더 이상 지진 안전지대가 아니라는 것을 알 수 있다.

① 우리나라에도 지진이 일어날 수 있다.

② 우리나라는 지진이 일어나지 않는 나라이다.

③ 지진은 외국에서만 발생한다.

7. 다음 문장의 중심 내용을 잘 나타낸 것은 무엇일까요? (　　)

> 대형 마트는 물건이 다양하고 주차장이 넓어 편리하다. 전통 시장은 가격이 비교적 저렴하다.

① 전통 시장은 주차장이 넓어 편리하다.

② 대형 마트는 전통 시장보다 물건이 적다.

③ 대형 마트와 전통 시장은 각각 장점이 있다.

정답은 10쪽에 있어요!

나는 이 책을 어떻게 공부해야 할까?

	맞힌 문항 수	학습 가이드
문해력 탐험 시작!	0~2개	**하루에 기사 한 편 읽기, 40일 완성!** 괜찮아요! 누구나 처음에는 어려울 수 있어요. 하루에 기사 한 편씩만 꾸준히 읽어도 금방 나아집니다. 모르는 단어가 나오면 표시해 두고, '이건 무슨 뜻일까?' 하고 생각하며 다시 읽어 보세요.
문해력 성장 중!	3~6개	**하루에 기사 두 편 읽기, 20일 완성!** 좋은 출발이에요! 지금도 충분히 잘하고 있어요. 기사 속 중심 단어들에 표시하고, 중심 내용을 간단히 한 줄로 요약해 보세요. 기사에 관해 친구나 가족과 이야기를 나누면 훨씬 더 재미있게 공부할 수 있어요.
문해력 고수!	7개	**하루에 기사 두세 편 읽기, 14일 완성!** 대단해요! 이미 기초 문해력 실력이 뛰어나네요. 여기서 한발 더 나아가 기사를 다른 기사, 교과서, 실제 생활과 연결해 보세요. 특히 '어떻게 생각해?' 문제를 활용해 내 의견을 글로 정리하거나 토론, 발표를 해 보세요. 그러면 사고력을 넓히고, 문해력을 탄탄하게 다질 수 있어요.

기초 문해력 테스트 정답 | 1. ② 2. ① 3. ② 4. ② 5. ③ 6. ① 7. ③

바빠 초등 문해력 신문

1권

땅이 우르릉 흔들린다!
지진 안전지대, 이제는 옛말

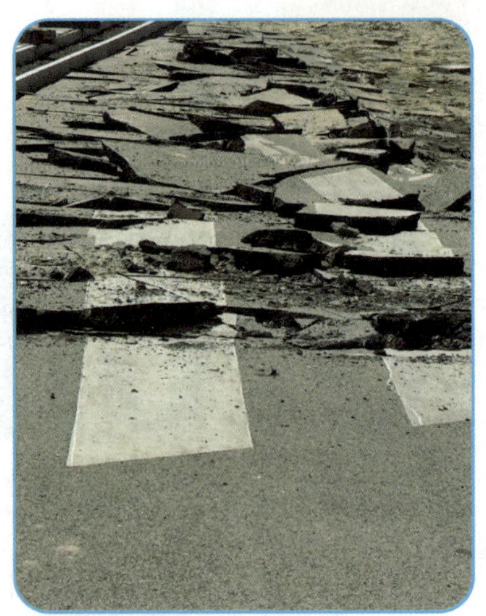

▲ 지진으로 파괴된 도로

　　2024년 6월, 전북 부안에서 규모 4.8의 지진이 발생하며 전국이 크게 흔들렸습니다. 이 지진은 기상청에서 관측을 시작한 1978년 이후, 16번째로 강한 지진이었습니다.

　　수도권[1]과 충청, 영남 지역까지 흔들릴 정도로 강했고, 부안 지역에서는 주택의 기와가 무너지고, 학교 건물에 금이 가는 등 피해를 입었습니다. 내소사 대웅보전과 같은 문화재[2]도 훼손되었습니다.

　　부안은 그간 지진이 자주 일어나지 않았던 지역입니다. 그런데 이런 지역에서 꽤 강한 지진이 발생한 것을 보면, 우리나라도 더 이상 지진 안전지대가 아니라는 것을 알 수 있습니다. 실제로 우리나라의 지진 발생 총횟수는 2023년부터 다시 늘어나고 있습니다.

　　하지만 우리나라는 지진의 원인 중 하나인 단층에 대한 연구가 부족해 지진에 대비하는 데 어려움이 있습니다. 전문가들은 지진 피해를 줄이려면 단층에 대한 조사와 연구를 더 많이 해야 한다고 말합니다. 이제는 우리도 지진을 언제든 일어날 수 있는 자연재해[3]로 여기고, 이에 대비해야 할 때입니다.

1) **수도권**: 서울을 중심으로 그 주위를 둘러싼 큰 도시 지역
2) **문화재**: 오래된 건물이나 물건 중에서 역사나 문화에 중요한 가치가 있는 것
3) **자연재해**: 태풍, 지진, 홍수처럼 사람에게 피해를 주는 자연 현상

1

어휘 알기

다음 빈칸에 알맞은 말을 〈보기〉에서 골라 쓰세요.

> **보기**　　● 어긋나는　● 크기　● 대충　● 자세히

교과 어휘
① **규모**: 어떤 일이나 물건의 전체적인 〔　　　〕

② **단층**: 지각 변동으로 지층이 갈라져 〔　　　〕 현상

교과 어휘
③ **조사(調査)**: 어떤 사실을 〔　　　〕 알아보고 살펴보는 일

2

이해력

기사 내용과 일치하면 ○표, 일치하지 않으면 ✕표를 하세요.

① 이번 지진은 전북 부안에서 발생했다. 　　　　　　[　　]

② 수도권은 이번 지진의 영향을 받지 않았다. 　　　　[　　]

③ 우리나라는 단층에 대한 연구가 부족한 편이다. 　　[　　]

3

이해력

다음 중 이번 지진이 특히 걱정스러운 이유는 무엇인가요?　（　　）

① 단층이 모두 안전하게 관리되고 있기 때문이다.

② 규모 4.8의 강한 지진이 우리나라에서 처음 일어났기 때문이다.

③ 그동안 지진이 드물었던 지역에서 꽤 강한 지진이 발생했기 때문이다.

4

어휘력

다음 빈칸에 알맞은 말을 〈보기〉에서 골라 쓰세요.

> **보기**　　　　• 규모　　　• 단층　　　• 조사

① 지진은 　　　　　　이 움직이면서 발생하는 자연 현상이다.

② 이번 화산 폭발은 　　　　　가 커서 넓은 지역에 피해를 주었다.

③ 우리는 과학 과제로 날씨 변화를 　　　　　하여 기록했다.

5

문해력

이 기사에서 알 수 있는 사실은 무엇인가요?　（　　　）

① 부안에서 일어난 지진 때문에 전국의 모든 학교가 쉬었다.

② 지진이 나도 우리나라는 단층이 적어서 안심해도 된다.

③ 우리나라에서도 언제든 지진이 일어날 수 있으니 대비가 필요하다.

6

요약력

기사를 다시 한번 읽고, 글의 중심 문장을 완성하세요.

> 우리나라도 더 이상 ㅈ ㅈ 이 드물게 일어나는 나라가 아니므로,
>
> 피해를 줄이기 위한 ㄷ ㅂ 가 필요하다.

 빈칸의 자음 힌트는 단어의 초성 위치를 고려해 배치했어요!

조사(調査)

어떤 사실을 자세히 알아보고 살펴보는 일

고를 조

'조사'의 調(고를 조)는 살피고 알맞게 맞춘다는 뜻이에요.

이 한자가 쓰인 다른 교과서 한자 어휘도 알아볼까요?

○ **조절**

상황에 따라 알맞게 맞추는 것

○ **조화**

서로 어울리며 잘 맞는 상태

○ **조리**

음식을 알맞게 만드는 일

교과서 한자 어휘에서 알맞은 것을 골라 쓰세요.

❶ 집 안 온도를 잘 (　　　　　)하면 전기료를 아낄 수 있어요.

❷ 옷의 색깔과 모양이 (　　　　　)를 이루었어요.

❸ 엄마는 된장찌개를 (　　　　　)하셨어요.

만약 내가 사는 지역에 지진이 일어난다면 어떻게 해야 할까요? 지진 대비 안전 수칙을 알아보고, 내가 할 수 있는 행동을 한 가지 이상 써 보세요.

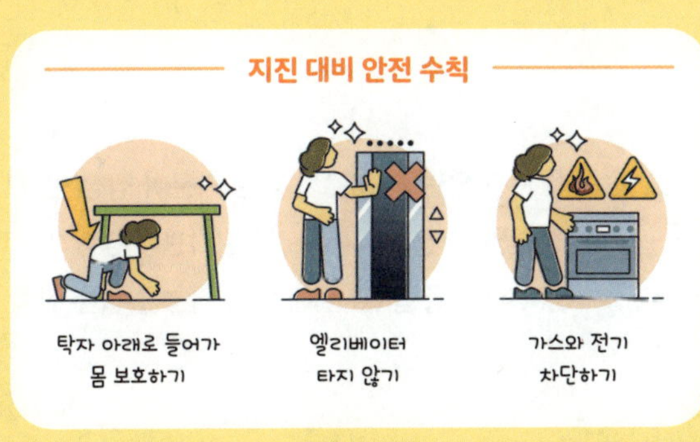

몸에 달라붙는 불쾌한 손님, 러브버그의 습격!

▲ 러브버그

　여름철이면 집이나 공원, 시장 등에서 '러브버그'로 불리는 곤충을 자주 볼 수 있습니다. 러브버그의 진짜 이름은 '붉은등우단털파리'로, 원래는 중국 남부나 대만처럼 더운 곳에 사는 곤충입니다. 그런데 지구 온난화[1]로 인해 기온이 오르면서 살 수 있는 지역이 넓어져, 우리나라까지 확대되었습니다.

　러브버그는 썩은 식물을 먹고, 꽃가루를 옮겨 주기 때문에 익충으로 분류됩니다. 사람을 물거나 병을 옮기지는 않지만, 사람에게 달라붙는 습성이 있어 불쾌함을 줍니다.

　그런데 최근에 러브버그가 지나치게 많이 나타나면서 민원[2]이 크게 늘었습니다. 이에 서울시는 숲, 시장, 한강 등에 러브버그를 줄이기 위한 장치를 설치하고 있습니다. 빛에 끌리는 곤충의 습성을 고려해 조명의 색을 바꾸기도 하고, 물 위에 부유식 트랩[3]을 띄워 곤충을 유인하는 방법도 쓰고 있습니다.

　전문가들은 불빛을 줄이고, 살충제 대신 빗자루나 휴지를 이용해 러브버그를 없애는 것이 바람직하다고 말합니다.

---

1) 지구 온난화: 지구의 평균 기온이 점점 높아지는 현상
2) 민원: 시청, 동사무소 같은 기관에 생활하는 데 불편한 점을 고쳐 달라고 요구하는 것
3) 부유식 트랩: 물 위에 띄워 곤충을 잡는 장치

1

어휘 알기

다음 빈칸에 알맞은 말을 <보기>에서 골라 쓰세요.

보기 ● 버릇 ● 기계 ● 다리 ● 꼬리

교과 어휘
① **곤충**: 몸이 머리·가슴·배로 나뉘고 [＿＿＿＿＿＿]가 3쌍, 날개가 2쌍인 작은 동물

교과 어휘
② **습성**: 자주 되풀이하여 익숙해진 행동이나 [＿＿＿＿＿＿]

교과 어휘
③ **장치**: 어떤 목적을 위해 만들어 설치한 [＿＿＿＿＿＿]나 기구

2

이해력

기사 내용과 일치하면 ○표, 일치하지 않으면 ×표를 하세요.

① 러브버그는 원래 북극 근처의 추운 지역에서 살던 곤충이다.　[　　]

② 러브버그는 썩은 식물을 먹기도 하고, 꽃가루를 옮기기도 한다.　[　　]

③ 러브버그와 관련한 민원이 최근 크게 늘고 있다.　[　　]

3

이해력

이 기사에서 알 수 있는 사실은 무엇인가요?　(　　)

① 러브버그는 사람을 물고 병을 옮기기 때문에 위험하다.

② 러브버그는 한국에서만 발견되는 특별한 곤충이다.

③ 러브버그는 밝은 불빛을 좋아한다.

4 이 기사에 다른 제목을 붙인다면, 알맞은 것은 무엇인가요?　（　　）

문해력

① 러브버그, 고마운 곤충으로 다시 보기!

② 러브버그, 지구 온난화가 부른 반갑지 않은 손님

③ 러브버그, 곧 멸종될 위기의 곤충

5 우리나라에서 최근에 러브버그가 많이 발견되는 이유는 무엇인가요?　（　　）

문해력

① 사람들이 곤충을 키우기 시작해서

② 지구 온난화로 우리나라의 기온이 더 올라가서

③ 공원에 꽃을 많이 심어서

한 번 더
읽었나요?

6 기사를 다시 한번 읽고, 글의 중심 문장을 완성하세요.

요약력

| ㅈ | ㄱ | | ㅇ | ㄴ | ㅎ | 로 인해 러브버그의 수가 크게 늘면서,

사람들에게 | ㅂ | ㅋ | ㄱ | 을 주어 관리가 필요하다.

지구 온난화는 말 그대로 지구가 점점 더워지는 현상이에요. 자동차, 공장, 비행기 등이 내뿜는 이산화탄소 같은 것을 온실가스라고 해요. 이 온실가스가 공기 중에 많아질수록, 지구 밖으로 빠져나가야 할 열이 대기권 안에 갇혀 버려요. 그러면 지구의 평균 기온이 점점 높아지는데, 이것이 바로 지구 온난화예요.

기온이 높아지면 북극의 얼음이 녹아 해수면이 올라가고 폭염이나 홍수, 가뭄 같은 이상 기후가 더 자주, 더 강하게 나타나요. 또, 러브버그처럼 원래는 따뜻한 지역에만 살던 동식물의 서식지가 우리나라까지 확대되기도 해요.

지구 온난화는 전 세계가 함께 해결해야 할 문제예요. 자동차 대신 대중교통 이용하기, 전기 아껴 쓰기, 플라스틱 줄이기 같은 작은 실천도 지구를 지키는 좋은 방법이랍니다.

모두가 함께 노력하면 지구 온난화를 막을 수 있어요!

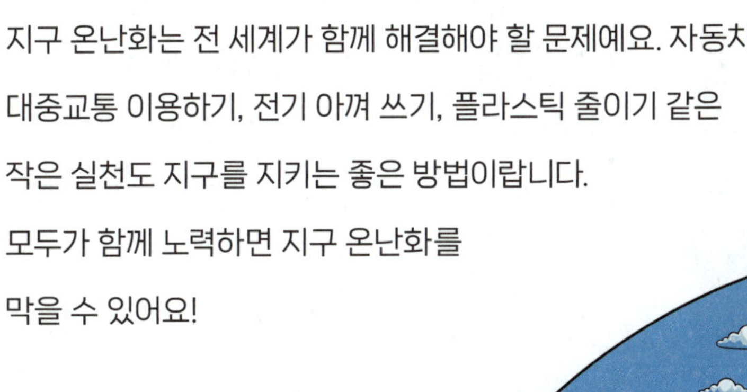

곤충을 무서워하는 친구와 공원에 갔다가 러브버그를 발견했어요.
이럴 때 친구에게 무슨 말을 해 주면 좋을까요?

로봇이 조리도, 서빙도 척척!

요즘 식당이나 카페에서는 사람 대신 음식을 조리하거나 서빙하는 로봇과 무인 주문기[1]를 점점 더 많이 사용하는 추세입니다. 일할 사람을 구하기도 힘들고 인건비[2]도 계속 오르면서, 로봇을 활용하는 음식점이 빠르게 늘고 있습니다.

▲ 서빙 로봇

그중에서도 음식을 나르는 로봇이 가장 크게 늘었습니다. 통계에 따르면, 이미 약 1만 대 이상의 서빙 로봇이 국내에 보급되었고, 무인 주문기도 전체 식당의 약 10%가 사용 중입니다.

서빙 로봇을 도입한 식당에서는 인건비를 절감했을 뿐 아니라, 일손[3]이 부족한 상황도 줄었다는 반응이 많습니다. 실제로 식당 주인들은 "직원이 힘들다며 그만두는 일이 로봇 덕분에 줄어들었다"고 말합니다.

이제 손님이 무인 주문기로 직접 주문하고 계산한 뒤, 로봇이 서빙하는 방식이 보편화되고 있습니다. 이와 같이 식품 산업에서 로봇 등과 같은 기술을 활용하는 푸드테크[4]가 발전하면서, 앞으로는 더 다양한 형태의 로봇이 일하게 될 것으로 전문가들은 전망합니다. 앞으로는 무인 주문기로 음식을 주문하고, 로봇이 조리한 뒤 서빙하는 모습이 우리 주변에서 점점 더 흔해질 것으로 보입니다.

1) **무인 주문기**: 사람 없이 주문하는 기계(키오스크 포함)
2) **인건비**: 사람이 일한 대가로 받는 돈
3) **일손**: 일하는 사람을 가리키는 말
4) **푸드테크**: 음식(Food, 푸드)과 기술(Technology, 테크놀로지)을 합친 말로, 식품 생산부터 소비에 이르는 전 과정에 첨단 기술을 결합한 산업

1

어휘 알기

다음 빈칸에 알맞은 말을 <보기>에서 골라 쓰세요.

보기 • 아껴 • 만들다 • 예상하다 • 후회하는

교과 어휘
① **조리하다**: 음식을 알맞게 ___________.

교과 어휘
② **절감(節減)하다**: 돈이나 자원 등을 ___________ 줄이다.

교과 어휘
③ **전망하다**: 앞으로 일어날 일을 ___________.

2

이해력

기사 내용과 일치하면 ○표, 일치하지 않으면 ✕표를 하세요.

① 식당에서 사람 대신 로봇을 쓰는 이유 중 하나는 인건비 때문이다. [   ]

② 로봇 중 조리 로봇을 가장 많이 사용한다. [   ]

③ 전체 식당의 약 10%가 무인 주문기를 사용한다. [   ]

3

이해력

다음 중 기사에 나온 무인 시스템이 <u>아닌</u> 것은 무엇인가요? (   )

① 서빙 로봇

② 조리 로봇

③ 직원

4 다음 빈칸에 알맞은 말을 <보기>에서 골라 쓰세요.

📝 어휘력

보기
- 조리한
- 절감할
- 전망했다

① 에어컨보다 선풍기를 쓰면 전기 요금을 □□□□ 수 있다.

② 음식을 □□□□ 후 모두 모여 밥을 먹었다.

③ 기상청에서는 올해 여름이 무척 더울 것으로 □□□□.

5 기사 내용을 바탕으로 알 수 있는 변화는 무엇인가요?　（　　）

📖 문해력

① 고객들은 이제 무인 주문기나 로봇에게 직접 음식을 주문하고 받는다.

② 사람들은 로봇을 보면 대부분 무서워한다.

③ 식당에서는 로봇을 더 적게 활용할 것이다.

6 기사를 다시 한번 읽고, 글의 중심 문장을 완성하세요.

한 번 더 읽었나요?

🔍 요약력

식당에서는 일손 부족과 ㅇ ㄱ ㅂ 문제를 해결하기 위해 ㄹ ㅂ 과 무인 주문기를 도입하고 있다.

절감(節減) | 돈이나 자원 등을 아껴 줄임

減

덜 감

'절감'의 減(덜 감)은 아끼거나 줄인다는 뜻이에요.

이 한자가 쓰인 다른 교과서 한자 어휘도 알아볼까요?

- 감소　 減(덜 감) 少(적을 소)　수나 양이 줄어드는 것

- 감축　減(덜 감) 縮(줄일 축)　인원이나 물건, 예산 등을 줄이는 것

- 감량　減(덜 감) 量(헤아릴 량)　무게나 양을 줄이는 것

 **교과서 한자 어휘에서 알맞은 것을 골라 쓰세요.**

❶ 올해는 비 오는 날이 (　　　　)했어요.

❷ 운동을 해서 몸무게 (　　　　)에 성공했어요.

❸ 정부에서는 올해 예산을 (　　　　)하기로 했어요.

로봇이 일하는 식당과 사람이 일하는 식당 중에 어디에서 밥을 먹고 싶나요? 그 이유는 무엇인가요?

121년 만에 가장 더운 6월이 찾아왔다!

2025년 6월은 121년 만에 우리나라를 찾아온 가장 더운 6월이었습니다. 특히 부산은 6월 30일 하루 평균 기온이 26.2도를 넘어, 1904년 이후 가장 높은 수치를 기록했습니다. 울산과 경남 지역에서도 여러 날 연속으로 '역대 가장 더운 날' 기록을 새로 썼습니다. 울산은 6월 29일 28.4도, 다음 날엔 29.0도로 이틀 연속 기록을 갈아치웠습니다.

부산, 울산, 경남 지역의 6월 평균 기온은 23.0도였습니다. 이는 1973년부터 광역 단위 기온을 따로 집계한 이후 처음으로 나타난 가장 높은 수치입니다.

기상청[1]은 이번 6월에 무더위가 일찍 찾아온 이유를 북태평양 고기압[2]이 예년보다 빨리 우리나라에 자리 잡았기 때문이라고 설명했습니다. 이처럼 해마다 더위가 일찍 찾아오고, 기온[3]이 점점 더 높아지는 현상은 지구 온난화와 관련이 깊습니다. 2025년 6월의 기록적인 더위를 단순한 기온 변화가 아니라, 지구 환경을 어떻게 지켜야 할지를 다시 한번 생각하는 계기로 삼을 필요가 있습니다.

---

1) **기상청**: 날씨를 관찰하고, 앞으로의 날씨를 전망하는 기관
2) **북태평양 고기압**: 북태평양에서 형성되어 무덥고 습한 날씨를 만드는 기압
3) **기온**: 공기의 온도

1

어휘 알기

다음 빈칸에 알맞은 말을 〈보기〉에서 골라 쓰세요.

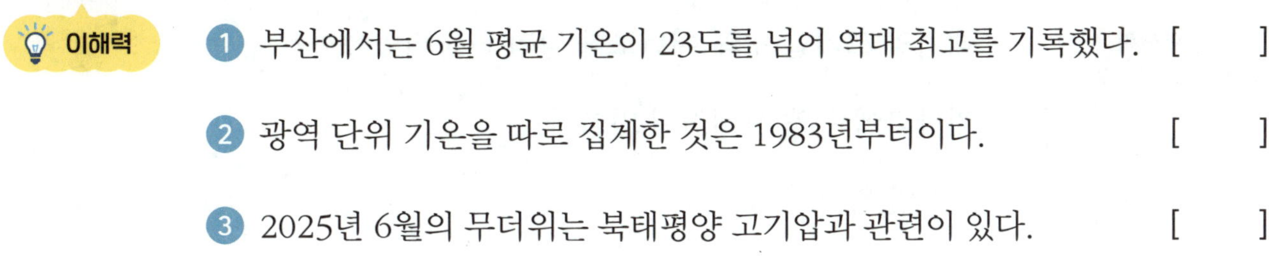

보기 • 평소   • 숫자   • 글자   • 계산하다

교과 어휘
① **수치**: 온도나 높이, 양 등을 계산해서 [   ]로 나타낸 것

② **집계하다**: 여러 개를 모아 [   ].

교과 어휘
③ **예년**: [   ]의 해, 또는 특별한 일이 없었던 보통 때의 해

2

이해력

기사 내용과 일치하면 ○표, 일치하지 않으면 ✕표를 하세요.

① 부산에서는 6월 평균 기온이 23도를 넘어 역대 최고를 기록했다. [   ]

② 광역 단위 기온을 따로 집계한 것은 1983년부터이다. [   ]

③ 2025년 6월의 무더위는 북태평양 고기압과 관련이 있다. [   ]

3

이해력

다음 중 2025년 6월이 특히 더웠던 이유는 무엇인가요?   (   )

① 평소보다 장마가 늦게 시작되어서

② 북태평양 고기압이 예년보다 일찍 확장해서

③ 그 전해보다 비가 더 많이 와서

4

어휘력

다음 빈칸에 알맞은 말을 〈보기〉에서 골라 쓰세요.

> **보기**　　　● 수치　　　● 집계해서　　　● 예년

① ＿＿＿＿＿ 과 달리 올겨울에는 눈이 적게 왔다.

② 이 그래프에 제시된 ＿＿＿＿＿ 는 정확하다.

③ 우리 반에서는 투표 결과를 ＿＿＿＿＿ 반장을 정했다.

5

문해력

이 기사를 읽고 나니 어떤 궁금증이 생기나요?　（　　）

① 북태평양 고기압이 왜 예년보다 일찍 확장되었을까?

② 우리나라에는 왜 사계절이 있을까?

③ 1년은 몇 월까지 있을까?

6

요약력

기사를 다시 한번 읽고, 글의 중심 문장을 완성하세요.

> 한 번 더 읽었나요?

> 이번 무더위는 북태평양 ㄱ ㄱ ㅇ 의 영향으로 나타났으며,
>
> ㅈ ㄱ ㅇ ㄴ ㅎ 와 관련이 있다.

폭염은 매우 심한 더위를 말해요. 기상청에서는 일 최고 기온이 33도 이상인 날이 이틀 이상 계속되면 폭염이라고 해요.

요즘은 지구 온난화와 급격한 기후 변화 때문에 매년 여름에 폭염이 더 자주, 더 길게 나타나고 있어요. 폭염이 계속될 때는 밖에서 오래 활동하면 위험해요. 열사병이나 탈진 같은 온열 질환에 걸릴 수 있어서 특히 어린이나 어르신은 더 조심해야 하지요. 폭염이 이어질 때 건강을 지키려면 한낮에는 외출을 피하고, 물을 자주 마시고, 시원한 곳에서 쉬는 것이 좋아요.

또, 폭염은 농작물을 말려 죽이거나 전기 사용을 급격히 늘리는 등 우리 생활에 큰 영향을 끼쳐요. 그래서 기상청에서는 폭염이 예상되면 '폭염주의보'나 '폭염경보'를 내보내요. 이럴 때 학교나 가정에서 폭염에 대비할 수 있도록 미리 준비하는 습관을 길러야 해요.

기후가 급격하게 변하면서 무더운 날이 늘어나고 있어요. 앞으로는 폭염에 잘 대응하는 방안을 미리 준비하는 것이 더욱 중요해질 거예요!

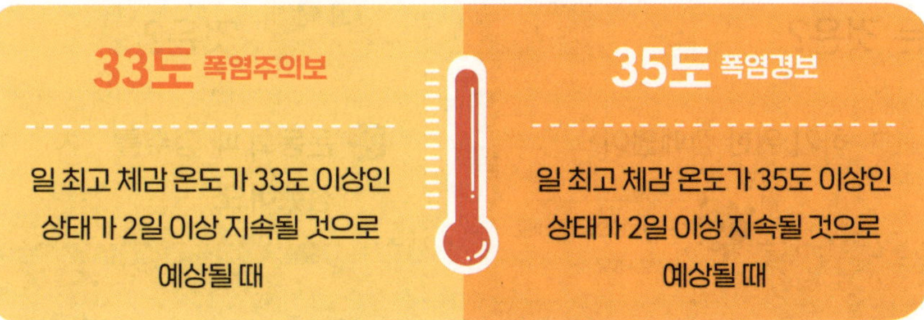

▲ 폭염주의보와 폭염경보의 기준

여름에 폭염이 자주 찾아오면, 우리 생활에는 어떤 영향이 있을까요?

Q1 어떤 일이나 물건의 전체적인 크기를 뜻하는 말은?

예 운동회는 학교 행사 중에서 ㄱ ㅁ 가 가장 커요.

규 모

Q2 어떤 목적을 위해 만들어 설치한 기계나 기구는?

예 화재를 막기 위해 건물에 자동 소화 ㅈ ㅊ 를 설치했어요.

Q3 돈이나 자원 등을 아껴 줄이는 것은?

예 에너지를 ㅈ ㄱ 하기 위한 캠페인이 열렸어요.

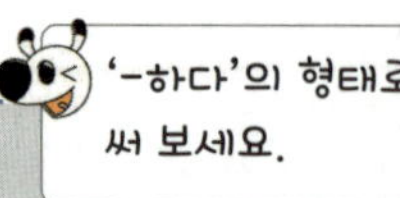

Q4 여러 개를 모아서 계산하는 것은?

예 운동회 때 점수를 ㅈ ㄱ 해서 우승 팀을 정했어요.

Q5 앞으로 일어날 일을 예상하는 것은?

예 전문가들은 올여름이 역대급으로 더울 거라고 ㅈ ㅁ 했어요.

Q6 몸이 머리·가슴·배로 나뉘고 다리가 3쌍, 날개가 2쌍인 작은 동물은?

예 개미와 나비는 모두 ㄱ ㅊ 에 속해요.

Q7 자주 되풀이하여 익숙해진 행동이나 버릇은?

예 동물은 자기만의 ㅅ ㅅ 에 따라 움직여요.

Q8 온도나 높이, 양 등을 계산해서 숫자로 나타낸 것은?

예 예상보다 높은 ㅅ ㅊ 를 기록했어요.

Q9 평소의 해, 또는 특별한 일이 없었던 보통 때의 해는?

예 올겨울은 ㅇ ㄴ 보다 훨씬 따뜻했어요.

Q10 음식을 알맞게 만드는 일은?

예 학교 급식실에서는 아침 일찍부터 ㅈ ㄹ 를 시작해요.

Q11 지각 변동으로 지층이 갈라져 어긋나는 현상은?

예 지진의 원인을 조사해 보니 ㄷ ㅊ 이 생긴 곳이 있었어요.

Q12 어떤 사실을 자세히 알아보고 살펴보는 일은?

예 꿀벌이 사라진 원인을 ㅈ ㅅ 중이에요.

자나 깨나 불조심!
산불 내면 벌을 받는다고요?

최근 **건조한** 날씨가 계속 이어지며 산불이 자주 발생하고 있습니다.

산불은 나무와 동물의 터전[1]을 파괴하고, 공기를 오염시키는 등 환경에 심각한 피해를 줍니다. 불을 낸 사람은 **고의**가 아니더라도 법적인 책임을 피할 수 없습니다.

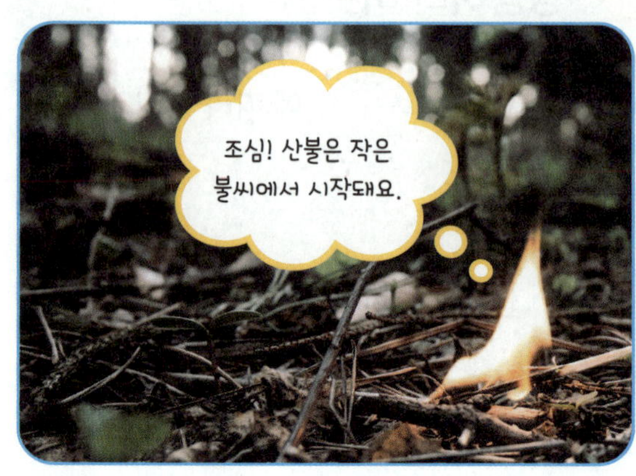

작은 불씨 하나로도 산 전체가 타 버릴 수 있습니다. 예를 들어 쓰레기를 태우다가 불씨가 날아가 산불로 번지면, 징역[2]형이나 벌금형을 받을 수 있습니다.

CCTV가 없는 산속이나 논밭에서 산불이 나면, 주변 사람의 증언[3]이나 라이터 같은 물건이 **단서**가 됩니다. "불씨가 없는 재를 버렸다"고 주장해도, 다른 증거가 더 믿을 만하다면 처벌을 피할 수 없습니다.

만약 산불로 문화재까지 불탔다면, 더 무거운 처벌을 받습니다. 실제로 선덕여왕릉에서 산불을 낸 사람은 징역 2년 형을 선고받았습니다.

산불은 단순한 사고가 아닙니다. 환경을 파괴하고 사람과 동식물에게 큰 피해를 주기 때문에, 산이나 들에서는 더욱 조심해야 한다는 목소리가 커지고 있습니다.

---

1) **터전**: 살거나 생활하는 자리
2) **징역**: 죄를 지은 사람이 일정 기간 감옥에 갇히는 벌
3) **증언**: 어떤 사실을 직접 보거나 들은 사람이 말로 알려 주는 것

1

어휘 알기

다음 빈칸에 알맞은 말을 <보기>에서 골라 쓰세요.

보기   • 습기   • 실마리   • 일부러   • 실수로

교과 어휘
1 건조하다: 가 없다.

2 고의(故意):   혹은 의도적으로 어떤 일을 하는 것

3 단서: 어떤 사실을 밝히는 데 도움이 되는   나 정보

2

이해력

기사 내용과 일치하면 ○표, 일치하지 않으면 ✕표를 하세요.

1 산불을 낸 사람은 일부러 불을 냈을 때만 처벌받는다.   [   ]

2 산불로 문화재가 불에 탔다면 더 무거운 처벌을 받을 수 있다.   [   ]

3 주변에 CCTV가 없으면 산불의 원인을 절대 알 수 없다.   [   ]

3

이해력

다음 중 산불을 예방하기 위해 지켜야 할 행동은 무엇인가요?   (   )

① 산 가까이에서 불을 피우지 않는다.

② 쓰레기를 산에 가져가서 태운다.

③ CCTV가 없는 곳에서만 불을 피운다.

4 다음 문장 속 밑줄 친 말의 뜻은 무엇인가요?　(　　)

🖊 **어휘력**

> 산불을 낸 사람은 실수였더라도 그에 대한 **책임**을 져야 한다.

① 이유를 묻지 않고 무조건 지시에 따르는 일

② 자신이 한 일의 결과를 감당하는 일

③ 남의 행동을 따라 하는 일

5 산불을 낸 사람이 처벌받는 이유는 무엇인가요?　(　　)

📖 **문해력**

① 산불이 사람들을 놀라게 하니까

② 산불이 자연과 사회에 큰 피해를 주기 때문에

③ 산불이 발생하면 비가 오지 않기 때문에

6 기사를 다시 한번 읽고, 글의 중심 문장을 완성하세요.

한 번 더 읽었나요?

🔍 **요약력**

작은 불씨 하나로도 ㅎ ㄱ 이 파괴될 수 있기 때문에

ㅅ ㅂ 을 내지 않도록 조심해야 한다.

고의(故意) 일부러 혹은 의도적으로 어떤 일을 하는 것

意

뜻 의

'고의'의 意(뜻 의)는 마음이나 생각, 뜻을 말해요.

이 한자가 쓰인 다른 교과서 한자 어휘도 알아볼까요?

● 주의 

어떤 일에 관심을 기울여 조심하는 것

● 동의 

다른 사람의 생각이나 말에 찬성하는 것

● 의견 

어떤 일이나 문제에 대한 생각

 **교과서 한자 어휘에서 알맞은 것을 골라 쓰세요.**

❶ 선생님의 말씀에 (   )하며 고개를 끄덕였어요.

❷ 친구와 나는 이 문제에 대한 (   )이 같아요.

❸ 실험할 때는 다치지 않도록 (   )해야 해요.

만약 주변에서 산불이 크게 난다면, 우리 동네 사람들과 동물들 그리고 환경에 어떤 일이 생길까요?

북미 하늘에 펼쳐진 개기 일식,
수억 명이 감탄!

2024년 4월, 북미[1] 대륙에서 7년 만에 개기 일식[2]이 일어났습니다. 개기 일식은 달이 해를 완전히 가려서 낮에도 하늘이 어두워지는 신비로운 자연 현상입니다. 미국과 캐나다, 멕시코 등에서는 해가 가려져 하늘이 어두워지자 수억 명의 사람들이 감탄하며 하늘을 올려다보았습니다. 특히 달이 해를 완전히 가려 해의 바깥 부분이 하얗고 둥글게 보이는 '다이아몬드 반지 효과'가 나타나자, 환호성[3]이 터졌습니다.

이날을 기념해 특별한 여행을 떠나거나 축제를 즐기는 사람도 많았습니다. 한 도시에서는 수백 쌍이 합동 결혼식을 올리기도 했습니다. 한 항공사에서는 하늘에서 개기 일식을 관찰하는 비행기를 띄웠는데, 자리가 모두 매진될 만큼 큰 인기를 끌었습니다.

많은 사람이 개기 일식을 보기 위해 여행을 떠나 숙박하는 등 이번 개기 일식은 지역 경제에도 큰 도움을 주었습니다. 미국의 한 회사는 이번 개기 일식이 약 8조 원에 달하는 경제적 효과를 가져올 것으로 예측했습니다. 사람들은 개기 일식을 통해 자연의 경이로움을 느꼈다고 말했습니다.

1) **북미**: 미국, 캐나다, 멕시코 등이 있는 아메리카 대륙의 북쪽
2) **개기 일식**: 달이 해를 완전히 가려서 해가 잠시 보이지 않는 현상
3) **환호성**: 기뻐서 크게 외치는 소리

1

 어휘 알기

다음 빈칸에 알맞은 말을 〈보기〉에서 골라 쓰세요.

보기 • 혼자 • 함께 • 좋은 • 놀랍고

교과 어휘
❶ **합동**: 여러 사람이 [   ] 어떤 일을 하는 것

교과 어휘
❷ **효과**: 어떤 행동이 [   ] 결과를 가져오는 것

❸ **경이로움**: [   ] 신기한 느낌

2

이해력

기사 내용과 일치하면 ○표, 일치하지 않으면 ✕표를 하세요.

❶ 이번 개기 일식은 남미 대륙에서 일어났다.　　　　　　　[　　　]

❷ 개기 일식으로 인해 얻는 경제적 효과는 크지 않다.　　　[　　　]

❸ 달이 해를 완전히 가리면 '다이아몬드 반지 효과'가 나타난다.　[　　　]

3

이해력

개기 일식이 일어나자 하늘에 어떤 현상이 나타났나요?　(　　　)

① 달이 태양을 가려 하늘이 어두워졌다.

② 별똥별이 쏟아져 내렸다.

③ 태양이 두 개처럼 보였다.

4

다음 문장의 빈칸에 알맞은 단어는 무엇인가요?　（　　　）

> 우주를 처음 본 우주 비행사의 얼굴에는
> 믿기 어려운 듯 　　　　　 이 가득했다.

① 슬픔

② 경이로움

③ 지루함

5

다음 문장은 기사의 어디쯤에 가장 어울릴까요?　（　　　）

> 사람들은 "오, 맙소사!", "믿을 수가 없어!"와 같은 감탄사를 외쳤다.

① 개기 일식의 뜻을 설명하는 부분

② 개기 일식이 절정에 이르러 '다이아몬드 반지 효과'가 나타나는 부분

③ 개기 일식의 경제적 효과를 설명하는 부분

6

한 번 더
읽었나요?

기사를 다시 한번 읽고, 글의 중심 문장을 완성하세요.

> 북미에서 있었던 ㄱ ㄱ ㅇ ㅅ 은 사람들에게 특별한 경험을
> 선물했고, 커다란 ㄱ ㅈ ㅈ 효과를 가져왔다.

개기 일식은 달이 태양을 완전히 가리는 특별한 자연 현상이에요. 달은 한 달에 한 번씩(약 27.3일에 한 번) 지구 주위를 도는데, 이 과정에서 태양과 정확히 일직선으로 겹쳐 태양을 전부 가리는 일이 아주 드물게 일어나요. 이것이 바로 개기 일식이에요.

그런데 작은 달이 커다란 태양을 어떻게 가릴 수 있을까요? 그 이유는 태양이 달보다 약 400배 더 크지만, 지구에서 약 400배 더 멀리 있기 때문이에요. 그래서 지구에서 보면 태양과 달이 비슷한 크기로 보여서 달이 태양을 완전히 가릴 수 있는 거랍니다.

개기 일식이 일어나면, 하늘이 갑자기 어두워지고 기온도 뚝 떨어져요. 마치 깜깜한 밤이 된 것 같아 많은 사람들이 놀라고, 태양의 바깥 부분인 '코로나'가 마치 반짝이는 고리처럼 보여서 '다이아몬드 반지 효과'로 불리기도 해요.

개기 일식은 흔히 볼 수 있는 현상이 아니라서, 이 모습을 보기 위해 멀리 여행을 가는 사람들도 많아요. 우리나라에서는 2035년 9월 2일, 강원도 고성 등 일부 지역에서 개기 일식이 나타날 것으로 예상돼요. 꼭 기억해 두었다가, 그날이 되면 해당 지역을 찾아가 하늘을 올려다보세요!

우리나라에서도 개기 일식을 볼 수 있다면 직접 가서 보고 싶은가요, 아닌가요? 그 이유도 함께 적어 보세요.

지구 반대편 두 대륙을 잇는 공룡 발자국의 놀라운 비밀!

남미 대륙의 브라질과 아프리카의 카메룬에서 발견한 공룡 발자국이 사실은 같은 공룡의 것이라는 연구 결과가 나왔습니다. 이는 지금은 지구 반대편에 있는 이 두 나라가 예전에는 하나의 대륙에 있었다는 것을 뜻합니다. 과학자들은 이 가상[1]의 대륙을 '곤드와나(Gondwana)'라고 부릅니다.

곤드와나는 아주 오래전, 공룡이 살던 시대에 남극을 중심으로 뭉쳐 있던 거대한 대륙입니다. 지금의 남미 대륙, 아프리카 대륙, 인도, 호주 등이 곤드와나에 속했던[2] 것으로 보입니다.

공룡 발자국의 모양과 발자국 사이의 간격이 매우 비슷해 같은 종의 공룡이 멀리 이동하며 남긴 흔적이라는 것을 알 수 있으며, 이는 곤드와나의 존재를 뒷받침하는 증거[3]로 충분합니다.

이번 발견은 대륙 이동설이나 판 구조론과도 관련이 있습니다. 대륙 이동설은 맨 처음에는 대륙이 하나였는데 지금처럼 나뉘었다는 이론이고, 판 구조론은 지구 내부의 판이 움직이면서 대륙이 나뉘었다는 이론입니다. 과학자들은 이번 연구가 대륙이 하나로 붙어 있었다는 사실을 보여 주는 중요한 증거라고 강조합니다.

---

1) **가상**: 진짜는 아니지만 컴퓨터나 상상 속에서 그럴듯하게 만든 것

2) **속하다**: 어떤 단체나 무리의 한 부분으로 들어가 있다.

3) **증거**: 무엇이 사실인지 알려 주는 중요한 물건이나 이야기

1

이휘 알기

다음 빈칸에 알맞은 말을 〈보기〉에서 골라 쓰세요.

보기 　 • 땅 　 • 하늘 　 • 알아내거나 　 • 벌어진

교과 어휘
① **발견하다**: 지금까지 몰랐던 것을 ＿＿＿＿＿＿＿ 찾아내다.

교과 어휘
② **대륙**: 지구의 바다 사이에 있는 크고 넓은 ＿＿＿＿＿＿＿

교과 어휘
③ **간격(間隔)**: 시간적 혹은 공간적으로 ＿＿＿＿＿＿＿ 거리

2

이해력

기사 내용과 일치하면 ○표, 일치하지 않으면 ✕표를 하세요.

① 남미와 아프리카는 공룡이 살던 시대에 멀리 떨어져 있었다. 　 [　]

② 곤드와나는 지금의 남미, 아프리카 등이 속한 거대한 　 [　]
　 대륙이었다.

③ 기사에 나온 공룡 발자국은 서로 다른 공룡의 것일 가능성이 높다. [　]

3

이해력

다음 중 기사에서 설명한 내용은 무엇인가요? 　 (　)

① 공룡 발자국은 지금으로부터 10년 전에 발견되었다.

② 곤드와나는 북극에 있었던 대륙이다.

③ 공룡 발자국은 현재의 대륙들이 하나로 붙어 있었다는 증거가 될 수 있다.

4 📖 문해력

'발자국의 모양과 간격이 매우 비슷하다'는 말이 의미하는 것은 무엇인가요? (   )

① 발자국을 남긴 공룡의 종이 같다.

② 대부분의 공룡들은 같은 속도로 걸어 다녔다.

③ 발자국을 남긴 공룡의 종이 다르다.

5 📖 문해력

대륙 이동설에서 '맨 처음에는 대륙이 하나였다'는 말은 무슨 뜻인가요?   (   )

① 지구에는 원래 바다만 있었다.

② 지금의 여러 대륙은 예전에는 하나로 붙어 있었다.

③ 남극은 처음부터 다른 대륙과 떨어져 있었다.

한 번 더
읽었나요?

6 🔍 요약력

기사를 다시 한번 읽고, 글의 중심 문장을 완성하세요. ☐

서로 다른 대륙에서 발견된 공룡 ㅂ ㅈ ㄱ 이 매우 비슷한 것은 ㄷ ㄹ 이 예전에는 하나로 붙어 있었다는 증거이다.

간격(間隔) 시간적 혹은 공간적으로 벌어진 거리

間

사이 간

'간격'의 間(사이 간)은 '사이, 틈'을 뜻해요.

이 한자가 쓰인 다른 교과서 한자 어휘도 알아볼까요?

- 시간 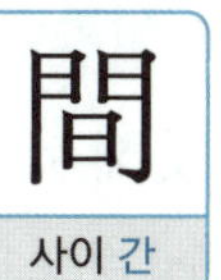 時 때 시 間 사이 간 어떤 일이 이루어지는 동안이나 시기

- 공간 空 빌 공 間 사이 간 비어 있거나, 사람 또는 물건이 있을 수 있는 자리

- 간식 間 사이 간 食 먹을 식 식사 사이에 가볍게 먹는 음식

 **교과서 한자 어휘에서 알맞은 것을 골라 쓰세요.**

❶ 공부하다가 출출해서 (   )을 먹었어요.

❷ 지금보다 더 넓은 (   )이 필요해요.

❸ 수업 시간 사이에 쉬는 (   )을 잘 활용해요.

만약 공룡이 살던 곤드와나 대륙에서 하루 동안 머무를 수 있다면, 무엇을 가장 해 보고 싶나요?

어느 날 갑자기 꿀벌이 사라진다면?
기후 변화의 위협

전 세계에서 꿀벌이 사라지고 있어 큰 문제가 되고 있습니다. 꿀벌은 여러 농작물의 수분[1]을 돕는 중요한 곤충으로, 꿀벌이 없으면 과일과 채소가 대부분 열매를 맺지 못합니다. 실제로 세계 식량 작물의 약 70%가 꿀벌의 수분에 의존하고 있습니다.

전문가들은 꿀벌이 집단으로 실종된 주요 원인으로 기후 변화를 지목합니다. 이상 기온으로 가을에 갑자기 따뜻해지거나 겨울에 평소보다 높은 기온이 계속되면 꿀벌의 활동 기간이 길어지고, 이로 인해 힘이 떨어져 겨울을 나지 못하는 일이 생깁니다. 또, 꽃이 일찍 피면서 꿀벌이 일찍 움직여 먹이를 찾으러 나섰다가 길을 잃고 돌아오지 못하기도 합니다.

응애[2] 같은 해충도 꿀벌에게 큰 피해를 줍니다. 이것 역시 기후 변화와 관련이 있습니다. 벌통 안의 온도가 높아지면 꿀벌이 바깥으로 나가게 되고, 해충[3]을 막는 힘도 약해지기 때문입니다.

전문가들은 꿀벌의 집단 실종을 막기 위해서는 기후 변화를 줄이려는 세계적인 노력이 필요하다고 말합니다. 이와 함께 기후 변화에도 잘 견디는 새로운 꿀벌 품종을 개발하고, 꿀벌이 살기 좋은 환경을 만드는 기술을 꾸준히 연구해야 합니다.

1) **수분**: 꽃의 수술에서 나온 꽃가루를 암술로 옮기는 것, 바람, 곤충, 새, 사람의 손 등에 의해 이루어짐
2) **응애**: 꿀벌이나 식물에게 해를 끼치는 아주 작은 벌레
3) **해충**: 농작물이나 사람에게 해로운 벌레

1

다음 빈칸에 알맞은 말을 <보기>에서 골라 쓰세요.

보기 • 곡식   • 사라지다   • 나타나는   • 새로운

① **작물**: 논밭에 심어 가꾸는 ______ 이나 채소

② **실종되다**: 어떤 사람이나 동물이 갑자기 ______ .

교과 어휘
③ **개발하다**: ______ 물건이나 기술 등을 만들거나 더 나아지게 하다.

2

기사 내용과 일치하면 ○표, 일치하지 않으면 ✕표를 하세요.

① 꿀벌이 사라지면 과일과 채소가 대부분 열매를 맺지 못한다.　　[　　]

② 꿀벌이 실종되는 주요 원인은 공장 폐수 오염 때문이다.　　[　　]

③ 꿀벌은 날씨가 추울수록 더 활발히 활동한다.　　[　　]

3

다음 중 꿀벌이 실종되는 주요 원인은 무엇인가요?　　(　　)

① 꿀벌의 활동 기간이 짧아지기 때문에

② 기후 변화 때문에

③ 꿀벌이 겨울잠을 오래 자기 때문에

4

다음 문장의 빈칸에 알맞은 단어는 무엇인가요?　(　　　)

농촌진흥청은 꿀벌과 관련한 기술을 　　　　　하고 있다.

① 실종

② 개발

③ 청소

5

기사에서 강조한 내용이 <u>아닌</u> 것은 무엇인가요?　(　　　)

① 꿀벌 집단 실종의 주요 원인은 이상 기온과 응애와 같은 해충이다.

② 꿀벌은 전 세계 식량 생산에서 매우 중요한 역할을 한다.

③ 꿀벌이 사라지면 농작물 수확량이 늘어난다.

한 번 더
읽었나요?

6

기사를 다시 한번 읽고, 글의 중심 문장을 완성하세요.

ㄲ　ㅂ 이 사라지는 이유는 급격한 ㄱ　ㅎ 변화 때문이며,

이를 막기 위해서는 전 세계적인 노력이 필요하다.

수분(受粉: 받을 수, 가루 분)은 꽃의 수술에서 나온 꽃가루를 암술로 옮겨 씨앗을 만들 수 있게 도와주는 과정이에요. 식물은 이 과정을 통해 열매를 맺고, 다음 세대로 이어질 수 있지요.

그런데 꽃은 스스로 꽃가루를 옮기기 어려워서 바람이나 곤충의 도움을 받는 경우가 많아요. 특히 꿀벌이 꽃에서 꿀을 빨아 먹을 때 다리의 털에 꽃가루가 묻는데, 다른 꽃으로 날아가 다시 꿀을 빠는 동안 꽃가루가 옮겨진답니다.

이것이 바로 꿀벌이 해 주는 '수분'이에요. 전 세계에서 우리가 먹는 농작물의 약 70%가 꿀벌의 수분 덕분에 자란다고 해요. 꿀벌이 없으면 사과, 딸기, 수박 같은 과일도 열매를 맺기 힘들어져요. 이처럼 꿀벌은 단순히 꿀만 만드는 곤충이 아니라, 지구 생태계와 우리의 식탁을 지켜 주는 작은 영웅이에요!

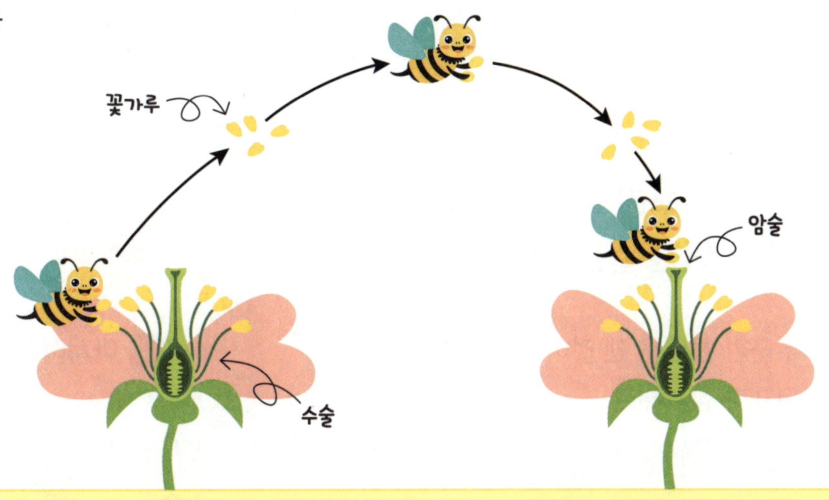

꿀벌이 사라지면 우리가 좋아하는 과일이나 채소가 줄어들 거예요.
꿀벌이 사라진 세상을 상상해 보고, 어떤 모습일지 써 보세요.

Q1 지금까지 몰랐던 것을 알아내거나 찾아내는 것은?

예 탐험가가 새로운 동굴을 [ㅂ][ㄱ] 했어요.

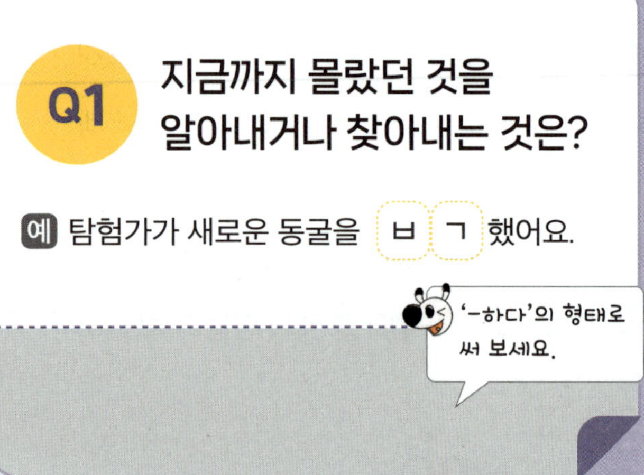

Q2 여러 사람이 함께 어떤 일을 하는 것은?

예 경찰과 소방관이 [ㅎ][ㄷ]으로 훈련을 진행했어요.

Q3 일부러 혹은 의도적으로 어떤 일을 하는 것은?

예 누군가 창문을 깬 것이 [ㄱ][ㅇ]라면 문제가 심각해요.

Q4 지구의 바다 사이에 있는 크고 넓은 땅은?

예 아시아와 유럽은 서로 다른 [ㄷ][ㄹ]이에요.

Q5 습기가 없이 마른 상태를 뜻하는 말은?

예 겨울에는 [ㄱ][ㅈ]해서 산불이 나기 쉬워요.

Q6 논밭에서 가꾸는 곡식이나 채소는?

예 고구마와 감자는 내가 좋아하는 [ㅈ][ㅁ]이에요.

Q7 어떤 사람이나 동물이 갑자기 사라지는 일은?

예 강아지가 ㅅ ㅈ 되어 모두가 찾고 있어요.

Q8 시간적 혹은 공간적으로 벌어진 거리는?

예 공연장에 의자들이 일정한 ㄱ ㄱ 으로 배치되어 있어요.

Q9 새로운 물건이나 기술 등을 만들거나 기술 등을 더 나아지게 하는 것은?

예 과학자들이 친환경 자동차를 ㄱ ㅂ 하고 있어요.

Q10 놀랍고 신기한 느낌은?

예 밤하늘을 가득 채운 은하수를 보며, ㄱ ㅇ ㄹ ㅇ 을 느꼈어요.

Q11 어떤 사실을 밝히는 데 도움이 되는 실마리나 정보는?

예 경찰은 사건을 해결할 중요한 ㄷ ㅅ 를 찾았어요.

Q12 어떤 행동이 좋은 결과를 가져오는 것은?

예 운동을 꾸준히 하면, 건강이 좋아지는 ㅎ ㄱ 가 있어요.

라면 국물 1컵을 정화하려면 물이 1톤 이상 필요해

　올 한 해 동안 우리나라에서는 컵라면이 10억 개 넘게 판매될 것으로 보입니다. 특히 혼자 사는 인구가 늘면서, 봉지 라면보다 간편한 컵라면을 찾는 사람들이 많아지고 있습니다. 야외에서 여가를 즐길 때도 컵라면을 먹는 경우가 매우 많습니다. 문제는 컵라면을 먹고 남긴 국물이 환경에 심각한 피해를 준다는 점입니다.

　라면 국물을 땅에 버리면 염분[1])과 기름이 흙에 스며들어 식물이 마르거나 죽을 수 있습니다. 실제로 제주 한라산에서는 하루 평균 120리터의 라면 국물이 버려지고 있으며, 이를 막기 위해 ‘국물 남기지 않기’ 캠페인[2])도 열렸습니다. 더 큰 문제는 오염된 물을 정화하는[3]) 데 드는 자원입니다. 종이컵 한 컵 분량의 라면 국물을 깨끗하게 만들려면 약 1,460리터의 물이 필요하다고 합니다.

　이러한 환경 오염을 줄이기 위한 실천 방법이 등장했습니다. 바로 물과 라면수프를 절반씩만 넣어 컵라면을 조리하는 것입니다. 물과 라면수프 양을 줄여도 면을 젓가락으로 저으면, 적은 물로도 면을 알맞게 익힐 수 있고 맛도 유지할 수 있습니다. 국물이 남지 않아 음식물 쓰레기를 줄일 수도 있습니다. 이처럼 작은 실천이 자연을 지키는 큰 변화로 이어질 수 있습니다.

1) **염분**: 소금이나 짠맛이 나는 성분
2) **캠페인**: 사람들에게 어떤 일을 알리고 함께하자고 하는 것
3) **정화하다**: 더럽거나 오염된 것을 깨끗하게 만들다.

1

어휘 알기

다음 빈칸에 알맞은 말을 〈보기〉에서 골라 쓰세요.

보기 • 지키다 • 변하는 • 편리하다 • 더러워지는

교과 어휘
1 **간편하다**: 간단하고 　　　　　.

교과 어휘
2 **오염(汚染)**: 환경이 　　　　　　　 것

3 **유지하다**: 어떤 상태나 모습을 그대로 　　　　　.

2

이해력

기사 내용과 일치하면 ○표, 일치하지 않으면 ✕표를 하세요.

1 컵라면 국물을 땅에 버리면 식물이 말라 죽을 수도 있다.　　[　　]

2 국물을 땅에 버려도 환경에 전혀 해롭지 않다.　　[　　]

3 컵라면을 조리할 때 물과 라면수프를 줄이면 음식물 쓰레기를　[　　]
줄일 수 있다.

3

이해력

다음 중 기사에서 알 수 <u>없는</u> 내용은 무엇인가요?　（　　）

① 컵라면을 먹고 남긴 국물을 땅에 버리면 환경에 심각한 피해를 준다.

② 제주 한라산에서는 하루 평균 120리터의 라면 국물이 버려진다.

③ 컵라면은 봉지 라면보다 가격이 더 저렴하다.

4

⬛ 어휘력

다음 문장의 빈칸에 알맞은 단어는 무엇인가요?　（　　）

라면 국물 한 컵을 　　　　　　하려면 많은 물이 필요하다.

① 정화

② 사용

③ 유지

5

📖 문해력

이 기사에 다른 제목을 붙인다면, 알맞은 것은 무엇인가요?　（　　）

① 컵라면은 왜 맛있을까?

② 한라산에서 라면 파티가 열린다!

③ 라면 국물 1컵이 망치는 자연

6

🔍 요약력

한 번 더
읽었나요?

기사를 다시 한번 읽고, 글의 중심 문장을 완성하세요.

ㅋ ㄹ ㅁ 국물을 함부로 버리면 ㅎ ㄱ 을
오염시킬 수 있으므로, 남기지 않도록 노력해야 한다.

오염(汚染) | 환경이 더러워지는 것

이 한자가 쓰인 다른 교과서 한자 어휘도 알아볼까요?

汚

더러울 오

'오염'의 汚(더러울 오)는 깨끗하지 않고 더러워진 상태를 뜻해요.

- **오물**  더러운 물건이나 쓰레기
  汚 더러울 오 / 物 물건 물

- **오수** 汚 더러울 오 / 水 물 수 — 더러운 물, 하수

- **오점** 汚 더러울 오 / 點 점 점 — 더러운 점이나 흠

 교과서 한자 어휘에서 알맞은 것을 골라 쓰세요.

❶ 그 실수는 단 하나의 (   )으로 남았어요.

❷ 공장에서 나온 (   )를 강으로 흘려 보내면 환경이 더러워져요.

❸ 음식물 찌꺼기 같은 (   )을 길에 버리면 안 돼요.

야외에서 활동할 때, 환경을 보호하기 위해 실천할 수 있는 작은 행동에는 어떤 것이 있을까요?

달에서 본 반짝이는 빛… 과연 그 정체는?

달에서 아주 특별한 사진이 찍혔습니다. 미국의 달 착륙선[1] '블루 고스트'가 해가 지는 순간, 달 지평선[2] 근처에 빛이 반짝이는 모습을 사진으로 찍은 것입니다.

이 빛은 '달 지평선 빛'으로 불리며, 1972년 우주 비행사 유진 서난이 달에서 처음으로 발견한 현상입니다.

달에는 공기가 거의 없어서 햇빛이 달 표면에 직접 닿습니다. 햇빛 속의 강한 자외선이 달 표면의 먼지를 만나면, 먼지들이 정전기[3]를 띠게 됩니다. 그러면 작은 먼지들이 서로 밀어내며 공중으로 둥둥 떠오르는데, 이 먼지들이 햇빛을 받아 반짝이며 빛나는 것이 바로 '달 지평선 빛'입니다.

과학자들은 이 현상을 더 자세히 연구하고 있습니다. 먼지의 움직임과 달의 환경을 더 잘 알게 되면, 사람이 달에서 오래 머무를 방법을 찾을 수 있을지도 모릅니다.

달에서만 볼 수 있는 이 특별한 빛이 앞으로 많은 비밀을 풀 열쇠가 되어 줄 것으로 기대됩니다.

---

1) **착륙선**: 우주에서 달 같은 다른 행성에 안전하게 내려앉기 위해 만든 작은 우주선

2) **지평선**: 땅과 하늘이 맞닿아 보이는 선

3) **정전기**: 문지르거나 비비면 생기는 전기

1

어휘 알기

다음 빈칸에 알맞은 말을 〈보기〉에서 골라 쓰세요.

보기   • 가까운   • 햇빛   • 겉면   • 안쪽

① **근처**: 이떤 대상과 아주 ⬚ 방향이나 자리

교과 어휘
② **표면**: 물체의 가장 바깥쪽 부분이나 ⬚

교과 어휘
③ **자외선**: 눈에는 보이지 않지만 ⬚ 중 에너지가 강한 빛의
한 종류

2

이해력

기사 내용과 일치하면 〇표, 일치하지 않으면 ✕표를 하세요.

① 이번에 공개된 사진은 달에서 찍힌 것이다. [   ]

② 정전기는 빛을 땅속 깊이 전달해 주는 힘이다. [   ]

③ 자외선은 달에 있는 먼지를 공중에 띄우는 데 도움을 준다. [   ]

3

이해력

다음 중 '달 지평선 빛'이 생기는 이유는 무엇인가요?   (   )

① 달이 지구 주위를 돌며 빛나기 때문에

② 달의 먼지들이 정전기로 인해 떠오르며 빛을 반사해서

③ 달이 태양에 더 가깝기 때문에

4

다음 빈칸에 알맞은 말을 <보기>에서 골라 쓰세요.

보기   • 근처   • 표면   • 자외선

① 우리 집 [   ]에는 맛있는 빵집이 있다.

② 선크림은 [   ]을 막아 주는 역할을 한다.

③ 꽁꽁 언 얼음 [   ]이 반짝반짝 빛났다.

5

다음 빈칸에 알맞은 단어는 무엇인가요?　(　　　)

달에는 [   ]이/가 거의 없어서 햇빛이 달 표면에 직접 닿고, 먼지가 정전기를 띠게 된다.

① 물

② 공기

③ 바람

6

기사를 다시 한번 읽고, 글의 중심 문장을 완성하세요. ☐

‘달 [ㅈ][ㅍ][ㅅ] 빛’은 달의 [ㅁ][ㅈ]가 햇빛을 받아 공중에서 반짝이는 현상이다.

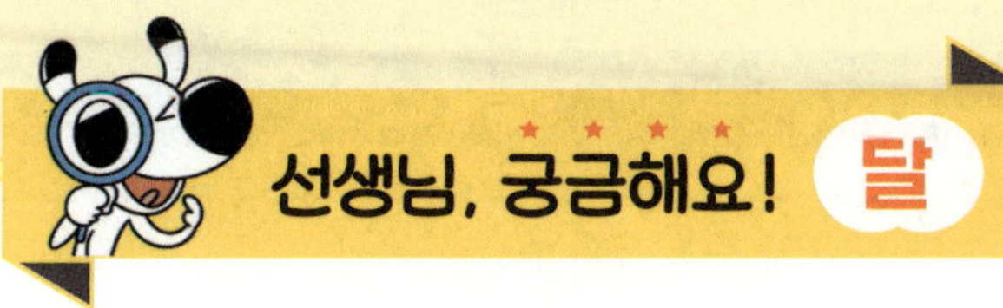

달은 지구 주위를 도는 위성이에요. 밤하늘을 보면 밝게 빛나는 달을 볼 수 있지요. 달은 스스로 빛을 내지 않고 태양 빛을 받아 반짝여요. 그래서 태양 빛이 비치는 방향에 따라 지구에서 보는 달의 모양은 매일 조금씩 다르게 보이지요.

달에는 공기가 거의 없고, 비나 바람도 없어서 우리가 사는 지구와는 많이 달라요. 또한, 낮에는 매우 뜨겁고 밤에는 매우 추워요. 이런 환경 때문에 달에서는 사람이 살 수 없답니다.

달은 예전부터 사람들이 많은 관심을 가지는 대상이에요. 지금도 여러 나라에서 달을 탐사하고 연구하고 있지요. 달 착륙선, 로켓, 인공위성 등을 이용해 달의 땅, 기온, 먼지 등을 자세히 조사하고 있어요.

연구가 계속되면 앞으로 달에서 사람이 살 수 있을지도 몰라요. 달은 여전히 신비롭고, 더 알아가야 할 것이 많은 우주의 이웃이에요!

공기가 거의 없고, 낮에는 뜨거운 데다가 밤에는 매우 추운 달에서는 생물이 살 수 없어요. 그런데도 사람들은 왜 달 탐사를 계속할까요?

'태평양 쓰레기 섬', 그 안에는 무엇이 있을까?

태평양[1]에는 '쓰레기 섬'으로 불리는 곳이 있습니다. 이곳은 실제로 섬이 아니라 수많은 플라스틱 쓰레기가 떠다니는 해역이며, 면적이 남한의 16배나 된다고 합니다.

이곳에는 눈에 잘 보이지 않는 미세 플라스틱부터 부피가 큰 플라스틱까지 각종 플라스틱 쓰레기가 떠다닙니다. 어떤 바다에는 물고기보다 플라스틱 쓰레기가 더 많습니다.

문제는 이곳이 대부분의 나라들로부터 멀리 떨어진 바다에 있어, 어느 나라에서도 적극적으로 플라스틱 쓰레기를 수거하지 않는다는 것입니다. '오션 클린업' 같은 민간단체[2]가 부피가 큰 플라스틱 쓰레기를 수거하고 있지만, 매년 바다에 버려지는 플라스틱 쓰레기를 모두 해결하기엔 부족합니다.

과학자들이 7년 동안 분석한 결과에 따르면, 외부에서 바다에 새로 흘러드는 플라스틱 쓰레기의 양이 해마다 빠르게 늘어나고 있습니다.

바다로 간 플라스틱 쓰레기는 결국 잘게 부서져 미세 플라스틱이 되고, 먹이사슬[3]을 따라 다시 사람에게 돌아옵니다. 더 이상 바다에 플라스틱 쓰레기를 버리지 않으려는 노력이 그 어느 때보다 중요합니다.

---

1) 태평양: 다섯 개의 큰 바다인 오대양 중 하나로, 세계 바다 면적의 절반을 차지하는 큰 바다
2) 민간단체: 정부에 속하지 않은 사람들이 모여 만든 단체
3) 먹이사슬: 생물이 서로 먹고 먹히며 이어지는 관계

1

다음 빈칸에 알맞은 말을 〈보기〉에서 골라 쓰세요.

보기　　● 거두다　　● 바다　　● 육지　　● 바깥쪽

교과 어휘
1 **해역**: ＿＿＿＿＿ 위의 일정한 구역

2 **수거하다**: 버리거나 내놓은 물건을 ＿＿＿＿＿.

교과 어휘
3 **외부(外部)**: 어떤 것의 안쪽이 아닌 ＿＿＿＿＿

2

기사 내용과 일치하면 ○표, 일치하지 않으면 ✕표를 하세요.

1 태평양의 쓰레기 섬은 바다에 버려진 플라스틱 쓰레기가 　[　　]
모여 이루어졌다.

2 플라스틱 쓰레기는 대부분 바다 밑에서 자연적으로 솟아 　[　　]
나온다.

3 물고기보다 플라스틱 쓰레기가 더 많은 바다도 있다. 　[　　]

3

다음 중 민간단체 '오션 클린업'이 하는 일은 무엇인가요?　(　　)

① 바다에 쓰레기를 버리지 않도록 법을 만드는 일

② 바다에 버려진 커다란 플라스틱 쓰레기를 수거하는 일

③ 어업을 통해 해양 생물을 보호하는 일

4 다음 빈칸에 알맞은 말을 〈보기〉에서 골라 쓰세요.

어휘력

보기 • 해역 • 수거해서 • 외부

① 우주선의 [   ]는 특수한 금속으로 만들어진다.

② 우리나라는 동해, 서해, 남해의 세 [   ]으로 둘러싸여 있다.

③ 학교에서 종이만 따로 [   ] 재활용했다.

5 바다에 버려진 플라스틱이 결국 사람에게도 영향을 미치는 이유는
무엇일까요?　(　　)

문해력

① 물고기가 플라스틱을 먹고, 먹이 사슬을 통해 사람에게 전달되기 때문이다.

② 플라스틱이 물속에서 스스로 녹아 없어지기 때문이다.

③ 바다 쓰레기를 모두 민간단체인 '오션 클린업'이 수거하기 때문이다.

한 번 더
읽었나요?

6 기사를 다시 한번 읽고, 글의 중심 문장을 완성하세요.

요약력

플라스틱 쓰레기는 [ㅂ][ㄷ]를 더럽히고 결국 [ㅅ][ㄹ]에게
돌아오므로, 바다에 버리지 않도록 노력해야 한다.

외부(外部) | 어떤 것의 안쪽이 아닌 바깥쪽

外

바깥 외

'외부'의 外(바깥 외)는 안이 아닌 바깥을 뜻해요.

이 한자가 쓰인 다른 교과서 한자 어휘도 알아볼까요?

- 외출  집 밖으로 나가는 것

  바깥 외 / 날 출

- 외교  나라 밖의 다른 나라와 관계를 맺는 일

  바깥 외 / 사귈 교

- 외과  몸 바깥 부분의 상처나 내장 기관을 수술 등으로 치료하는 분야

  바깥 외 / 과목 과

 **교과서 한자 어휘에서 알맞은 것을 골라 쓰세요.**

❶ 할머니는 팔이 부러져서 (　　　　　) 병원에 가서 치료받으셨어요.

❷ 이번 방학에는 가족과 함께 자주 (　　　　　)했어요.

❸ 대통령은 (　　　　　) 문제로 회의를 열었어요.

바다를 오염시키면 안 되는 이유는 무엇일까요? 지구에 사는 모두를 생각하며 나의 의견을 써 보세요.

택시가 혼자서 움직인다고?
놀라운 자율 주행 자동차

최근 미국의 한 도시에서 사람이 운전하지 않는 '로보 택시'가 등장해 화제가 되고 있습니다.

이 택시는 겉보기[1]에는 일반 택시와 같지만, 운전석에 사람이 앉아 있지 않습니다. 뒷자리에 앉은 승객이 주행 시작 버튼을 누르면, 자동차가 스스로 운전을 시작합니다.

이 택시는 '자율 주행[2] 자동차'로, 스스로 길을 찾아가고 속도를

조절하며 안전하게 운행합니다. 이번에 등장한 로보 택시는 미국의 유명 회사인 T사가 만든 것으로, 텍사스의 한 지역에서 시범 서비스[3]를 시작했습니다.

아직은 초대를 받은 사람만 시범적으로 이용할 수 있지만, 직접 이용해 본 사람들은 로보 택시의 부드러운 운전 솜씨와 안전한 거리 유지 능력에 놀랐다고 합니다.

하지만 걱정하는 반응도 있었습니다. 로보 택시가 길을 잘못 들거나, 갑자기 방향을 바꾸기도 했기 때문입니다. 특히 사고가 날 수 있는 상황에서 로보 택시가 어떤 판단을 내려야 할지도 어려운 문제입니다.

전문가들은 자율 주행 기술이 발전하려면 앞으로 더 많은 시험과 고민이 필요하다고 말합니다.

---

1) **겉보기**: 겉으로 드러나 보이는 모습
2) **자율 주행**: 사람의 도움 없이 자동차가 스스로 운전하는 기술
3) **시범 서비스**: 시험 삼아 먼저 해 보는 서비스

1

어휘 알기

다음 빈칸에 알맞은 말을 〈보기〉를 골라 쓰세요.

보기 • 계속 • 걱정하거나 • 빠르기 • 연락하는

교과 어휘
❶ **속도**: 물체가 나아가거나 일이 진행되는 　　　

❷ **초대**: 어떤 사람을 부르거나 함께하자고 　　　 것

교과 어휘
❸ **고민**: 어떤 일 때문에 　　　 괴로워하는 마음

2

이해력

기사 내용과 일치하면 ○표, 일치하지 않으면 ✕표를 하세요.

❶ T사는 미국에서 로보 택시 시범 서비스를 시작했다. 　[　　]

❷ 자율 주행 택시에 타면 운전사가 운전석에 앉아 직접 운전한다. 　[　　]

❸ 자율 주행 택시는 승객이 버튼을 누르면 운전사 없이 스스로 　[　　]
운행한다.

3

이해력

다음 중 기사에서 알 수 있는 사실은 무엇인가요?　(　　)

① 자율 주행 택시는 안전 점검 없이 바로 운행된다.

② 로보 택시는 운전하는 사람이 없어도 주행할 수 있다.

③ T사는 자율 주행을 중단하고 전기차만 만들기로 했다.

4 다음 빈칸에 알맞은 말을 <보기>에서 골라 쓰세요.

어휘력

> **보기**　　　• 속도　　• 초대　　• 고민

❶ 친구의 생일 파티에 　　　　　를 받아서 기뻤다.

❷ 강아지를 키울지 말지 　　　　　중이다.

❸ 자전거를 타며 브레이크로 　　　　　를 조절했다.

5 '로보 택시가 어떤 판단을 내려야 할지 어려운 상황'이란 무엇일까요?　　（　　）

문해력

① 앞으로 전기를 얼마나 더 써야 할지 모르는 상황

② 사고가 예측될 때, 승객과 상대방 중 누구를 먼저 보호해야 할지 판단해야 하는 상황

③ 몇 명이나 태워야 하는지 모를 만큼 혼잡한 상황

6 기사를 다시 한번 읽고, 글의 중심 문장을 완성하세요.

요약력

> ㅈ　ㅇ　ㅈ　ㅎ 자동차인 로보 택시가 ㅅ　ㅂ 운행되며 사람들의 관심을 끌고 있다.

'자율 주행'은 운전자가 직접 조종하지 않아도 자동차가 스스로 움직이는 기술이에요. 자동차에 달린 여러 센서와 컴퓨터가 주변 상황을 살피고, 스스로 방향을 바꾸거나 속도를 조절해서 운행하지요.

예를 들어, 앞에 차나 사람이 있으면 멈추고, 신호가 바뀌면 다시 출발하는 것도 모두 컴퓨터가 판단해요. 사람이 핸들을 잡지 않아도 자동차가 목적지까지 안전하게 데려다주어요.

요즘은 자율 주행 택시도 시범 운행을 시작했어요. 운전석에 아무도 없고, 승객은 뒷자리에 타서 화면을 눌러 목적지를 선택해요. 편리하지만 아직 완전히 안전하다고 말하긴 어려워요. 복잡한 상황에서 어떤 결정을 내려야 할지 컴퓨터가 잘 판단하지 못할 수도 있거든요.

그래서 자율 주행 자동차가 널리 쓰이기 위해선 더 많은 시험과 준비가 필요해요. 우리도 이런 기술에 어떤 장단점이 있는지 관심을 가지고 지켜보면 좋겠지요!

자율 주행 자동차가 우리에게 꼭 필요한 기술이라고 생각하나요?
그 이유를 나의 생각과 경험을 바탕으로 써 보세요.

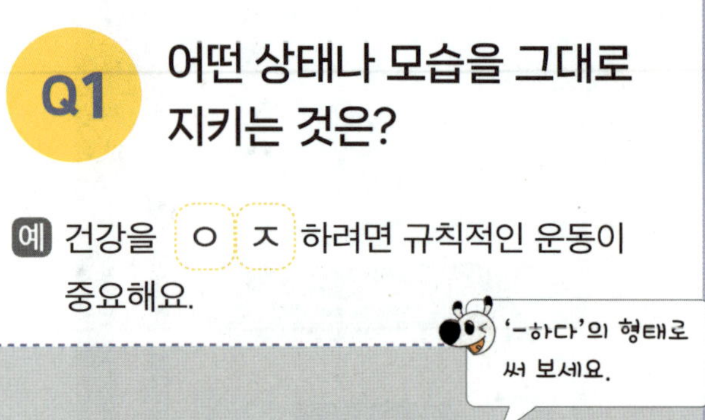

Q1 어떤 상태나 모습을 그대로 지키는 것은?

[예] 건강을 ㅇ ㅈ 하려면 규칙적인 운동이 중요해요.

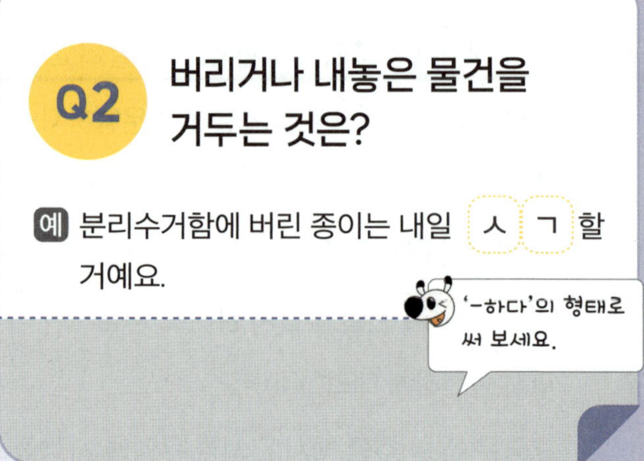

Q2 버리거나 내놓은 물건을 거두는 것은?

[예] 분리수거함에 버린 종이는 내일 ㅅ ㄱ 할 거예요.

Q3 환경이 더러워지는 것은?

[예] 우리 마을은 지하수 ㅇ ㅇ 이 심각한 상태예요.

Q4 어떤 것의 안쪽이 아닌 바깥쪽은?

[예] 창문을 닫지 않으면 ㅇ ㅂ 에서 나는 소리가 들려요.

Q5 어떤 일 때문에 걱정하거나 괴로워하는 마음은?

[예] 진로에 대한 ㄱ ㅁ 이 많아 잠이 오지 않았어요.

Q6 어떤 사람을 부르거나 함께하자고 연락하는 것은?

[예] 친구 생일 파티에 ㅊ ㄷ 를 받아 기뻤어요.

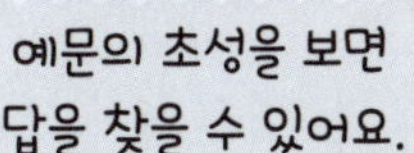

Q7 눈에는 보이지 않지만, 햇빛 속에 있는 강한 빛의 한 종류는?

예 ㅈ ㅇ ㅅ 차단제를 발라야 피부를 보호할 수 있어요.

Q8 어떤 대상과 아주 가까운 방향이나 자리는?

예 집 ㄱ ㅊ 에 큰 마트가 있어서 편리해요.

Q9 물체의 가장 바깥쪽 부분이나 겉면은?

예 얼음 위를 걸을 때는 ㅍ ㅁ 이 미끄러우니 조심해야 해요.

Q10 바다 위의 일정한 구역은?

예 이 ㅎ ㅇ 은 어선의 출입이 금지되어 있어요.

Q11 간단하고 편리한 것은?

예 ㄱ ㅍ 한 컵라면이 인기예요.

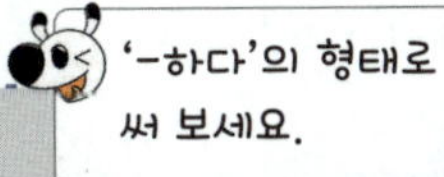

Q12 물체가 나아가거나 일이 진행되는 빠르기는?

예 지나가는 자동차의 ㅅ ㄷ 가 정말 빨랐어요.

장마는 왜 생길까? 여름 고기압 이야기

마치 하늘에 구멍이 난 것처럼 많은 비가 쏟아지며 '장마[1]'가 시작되었습니다. 장마는 여름철에 우리나라, 중국, 일본 등 동아시아 지역에서 비가 길게 내리는 현상입니다.

우리나라의 장마는 두 개의 고기압[2]이 만나면서 생깁니다. 하나는 덥고 습한 바람을 몰고 오는 '북태평양 고기압', 또 하나는 차갑고 습한 바람을 몰고 오는 '오호츠크해[3] 고기압'입니다. 이 둘이 우리나라 주변에서 만나면, 그 사이에 있는 수증기[4]가 하늘로 올라갔다가 빗방울이 되어 내립니다. 이 고기압들이 부딪히는 곳을 '전선'이라고 합니다.

여름 초반에 두 고기압이 서로 힘겨루기를 하면 전선이 오르락내리락하고, 그때마다 해당 지역에는 많은 비가 쏟아져 내립니다. 그러다가 북태평양 고기압이 더 강해져서 오호츠크해 고기압을 밀어내면 장마도 끝이 납니다.

장마 기간에 내리는 비는 우리나라 여름 강수량의 약 30%를 차지할 만큼 중요합니다. 하지만 비가 오래 세차게 내릴 경우, 도로나 집이 물에 잠기고 산사태 같은 피해가 생기기도 합니다. 장마는 여름철에 꼭 필요한 것이긴 하지만, 이 기간에 안전을 지키기 위한 준비가 반드시 필요합니다.

---

1) **장마**: 여름철에 여러 날 동안 계속해서 비가 내리는 현상이나 날씨
2) **고기압**: 공기의 압력이 높은 것
3) **오호츠크해**: 러시아 동쪽에 있는 바다로, 차갑고 습한 공기가 생기는 곳
4) **수증기**: 공기 중에 섞여 있는 기체 상태의 물

1

어휘 알기

다음 빈칸에 알맞은 말을 〈보기〉에서 골라 쓰세요.

보기 · 만나다 · 나타나는 · 사라지다 · 길

교과 어휘

① **현상**: 어떤 일이 실제로 ＿＿＿＿＿ 것

② **부딪히다**: 물체나 기운이 힘 있게 서로 ＿＿＿＿＿.

③ **도로(道路)**: 사람이 다니거나 차가 지나가는 ＿＿＿＿＿

2

이해력

기사 내용과 일치하면 ○표, 일치하지 않으면 ✕표를 하세요.

① 장마는 여름철에 우리나라, 중국, 일본 등에서 나타나는 현상이다. [　　]

② 북태평양 고기압은 겨울에 우리나라에 강하게 영향을 준다.　　[　　]

③ 전선은 고기압이 완전히 사라졌을 때 생긴다.　　[　　]

3

이해력

다음 중 우리나라에 장마가 생기는 이유는 무엇인가요?　（　　）

① 북태평양 고기압과 오호츠크해 고기압이 부딪혀서

② 바람이 약해지고 비가 갑자기 많이 내려서

③ 겨울 고기압이 다시 돌아와서

4 〖 어휘력

다음 문장 속 밑줄 친 말의 뜻은 무엇인가요? (　　)

여름 초반에 두 고기압이 서로 힘겨루기를 하면 <u>전선이 오르락내리락하고</u>, 그때마다 해당 지역에는 많은 비가 쏟아져 내린다.

① 따뜻한 공기와 찬 공기가 만나는 자리가 올라갔다 내려갔다 한다.

② 전기가 끊겼다가 들어왔다를 반복한다.

③ 하늘에 선이 그어진다.

5 〖 문해력

이 기사에 다른 제목을 붙인다면, 알맞은 것은 무엇인가요?　(　　)

① 장마는 여름철에 꼭 필요한 비예요

② 비가 내리는 날엔 장화를 꼭 신어요

③ 여름철 하늘의 힘겨루기, 장마는 이렇게 생겨요

6 〖 요약력

기사를 다시 한번 읽고, 글의 중심 문장을 완성하세요.

ㅈ ㅁ 는 여름철에 성질이 다른 두 ㄱ ㄱ ㅇ 이 부딪힐 때 생기는 날씨 현상이다.

도로(道路) — 사람이 다니거나 차가 지나가는 길

道

길 도

'도로'의 道(길 도)는 사람이 다니거나 차가 지나가는 길을 뜻해요.

이 한자가 쓰인 다른 교과서 한자 어휘도 알아볼까요?

- 도장 

운동이나 무술을 배우는 곳

- 수도 

먹거나 사용하는 물을 보내 주는 관

- 도덕

사람이 지켜야 할 바른 행동이나 마음

 **교과서 한자 어휘에서 알맞은 것을 골라 쓰세요.**

❶ 나는 태권도를 배우기 위해 (　　　　)에 다녀요.

❷ 우리 마을에서는 (　　　　) 시설을 새로 갖추었어요.

❸ (　　　　) 수업 시간에 친구를 배려하는 것을 배웠어요.

장마는 우리 생활에 어떤 영향을 줄까요? 장마철에 조심하거나 준비해야 할 점을 생각해서 써 보세요.

기부가 건강에도 좋다고요?
'헬퍼스 하이'의 힘

　지난 3월 경상북도 의성에서 발생한 대형 산불 이후, 인근의 영양과 안동 등 피해 지역을 돕기 위한 기부가 이어지고 있습니다. 그중 영양군에는 5억 원이 넘는 고향 사랑 기부금[1]이 모였습니다.

　기부는 도움을 받는 사람 뿐만 아니라 기부하는 사람에게도 긍정적인 영향을 줍니다. 우리는 아무런 보상을 바라지 않고 남을 도울 때 뿌듯함을 느끼는데, 이를 '헬퍼스 하이(Helper's High)'라고 합니다. 헬퍼스 하이를 경험하면 뇌에서 '엔도르핀'

이라는 물질이 분비됩니다. 이 물질은 기분을 좋게 하고 스트레스[2]를 줄여 주며, 혈압을 낮추고 혈관 건강에도 도움이 되는 것으로 알려져 있습니다. 기부나 봉사를 꾸준히 하는 사람은 그렇지 않은 사람보다 엔도르핀 수치가 높다는 연구 결과도 있습니다.

　전문가들은 사람은 혼자 살아갈 수 없는 존재이며, 서로 돕고 살아가는 '이타주의[3]'가 마치 본능처럼 마음속에 자리하고 있다고 설명합니다. 기부는 누군가를 보살피는 따뜻한 마음과 자신의 건강을 함께 지킬 수 있는 실천입니다.

---

1) 고향사랑 기부금: 자신의 고향이나, 돕고 싶은 지역에 기부하는 돈
2) 스트레스: 걱정이나 긴장 때문에 생기는 불편한 감정이나 반응
3) 이타주의: 다른 사람을 먼저 생각하고 도와주려는 마음이나 행동

1

어휘 알기

다음 빈칸에 알맞은 말을 〈보기〉에서 골라 쓰세요.

보기　● 없어지는　● 생기다　● 기분　● 자연스럽게

교과 어휘

① **발생하다**: 어떤 일이 갑자기 　　　　　.

② **뿌듯함**: 좋은 일을 했을 때 　　　　　이 좋아지는 느낌

③ **본능**: 깊이 생각하지 않아도 　　　　　하게 되는 행동이나 느낌

2

이해력

기사 내용과 일치하면 ○표, 일치하지 않으면 ×표를 하세요.

① 의성 산불 이후 영양군에는 5억 원이 넘는 기부금이 모였다.　　[　　]

② 헬퍼스 하이는 기부받은 사람이 느끼는 기분이다.　　[　　]

③ 기부를 꾸준히 하면 건강에도 효과가 있다.　　[　　]

3

이해력

다음 중 기부가 건강에 좋은 이유가 <u>아닌</u> 것은 무엇인가요?　(　　)

① 스트레스를 줄여 준다.

② 혈압을 낮춰 준다.

③ 다이어트를 도와준다.

4   다음 중 '헬퍼스 하이'를 경험할 수 있는 상황은 무엇인가요?   (   )

어휘력

① 무거운 짐을 든 할머니를 도와드렸더니 마음이 뿌듯했다.

② 맛있는 간식을 먹었더니 기분이 좋아졌다.

③ 잠이 부족해 수업 시간에 꾸벅꾸벅 졸았다.

5   이 기사에서 알 수 있는 내용은 무엇인가요?   (   )

문해력

① 산불 피해는 시간이 지나면 저절로 회복되므로 걱정하지 않아도 된다.

② 기부하면 기분이 나빠질 수도 있기 때문에 주의해야 한다.

③ 남을 도우려는 마음은 우리 마음속에 자연스럽게 자리 잡고 있다.

6   기사를 다시 한번 읽고, 글의 중심 문장을 완성하세요.

한 번 더 읽었나요?

요약력

> ㄱ ㅂ 는 남을 도울 뿐만 아니라, 기부하는 사람의
>
> ㄱ ㄱ 에도 긍정적인 영향을 준다.

헬퍼스 하이(Helper's High)는 다른 사람을 도울 때 마음이 따뜻해지고 기분이 좋아지는 특별한 감정이에요. 혹시 친구가 다쳤을 때 도와줬거나, 길을 잃은 사람에게 길을 알려 준 적이 있나요? 그런 행동을 하고 나면 '잘했다!'는 생각과 함께 마음이 뿌듯해질 거예요. 이런 기분이 바로 헬퍼스 하이랍니다.

이 용어는 미국의 의사 앨런 룩스가 처음으로 사용했어요. 그는 오랫동안 봉사 활동을 하며 헬퍼스 하이를 경험했는데, 이 감정이 단순히 기분 좋은 것을 넘어서 건강에도 도움이 된다는 사실을 알게 되었어요.

헬퍼스 하이를 느낄 때면 우리 뇌에서 '엔도르핀'이라는 물질이 더 많이 나와요. 이 물질은 스트레스를 줄여 주고, 기분을 밝게 만들어 줘요. 또 혈압을 낮추는 등 몸을 건강하게 유지하는 데도 좋은 영향을 준다고 해요.

이처럼 남을 도우면 나도 행복해지는 기적 같은 일이 일어난답니다. 누군가를 도우며 '헬퍼스 하이'를 느낄 수 있는 기회를 놓치지 마세요!

누군가를 도와준 적이 있나요? 그때 어떤 기분이 들었는지 떠올려 보고, 기부나 도움을 주는 행동이 왜 중요한지 나의 생각을 써 보세요.

사냥하는 대신 쓰레기통을 뒤진대요, 지금 북극곰이 위험해요!

허기진 북극곰이 얼음 위를 힘겹게 걷습니다. 바다표범을 사냥하러 나섰지만, 먹이를 찾지 못한 채 사람이 사는 곳까지 내려오기도 합니다. 세계자연기금(WWF)[1]은 최근 북극곰이 쓰레기통을 뒤지는 모습을 담은 영상을 공개하며, 북극곰이 멸종 위기에 처했다고 밝혔습니다.

북극곰은 북극의 차가운 바다와 얼음 위에서 살아가는 동물입니다. 사냥터이자 삶의 터전인 해빙[2] 위를 헤엄쳐 다니다가, 바다표범이 숨을 쉬려고 물 위로 올라오는 순간을 노려 사냥합니다. 하지만 지구 온난화로 인해 해빙이 빠르게 녹으면서, 북극곰은 사냥할 기회를 점점 더 잃고 있습니다.

해빙이 사라지자 바다표범은 포식자인 북극곰을 피해 더 북쪽으로 이동했고, 결국 북극곰은 더욱 굶주리게 되었습니다. 전문가들은 지금처럼 지구 온난화가 계속되면 25년 안에 북극곰의 개체 수[3]가 30% 이상 줄어들 수도 있다고 경고합니다.

북극곰이 다시 안전하게 살아갈 수 있도록 지구를 지키려는 노력이 필요합니다. 일회용품 사용을 줄이고, 에너지를 절약하는 작은 실천이 북극곰과 북극의 얼음을 지키는 데 도움이 될 수 있습니다.

---

1) 세계자연기금(WWF): 지구의 자연을 지키기 위해 활동하는 국제적인 단체

2) 해빙: 바닷물이 얼어서 된 얼음

3) 개체 수: 어떤 동식물이 몇 마리(몇 개체)나 있는지 나타내는 수

1

다음 빈칸에 알맞은 말을 〈보기〉에서 골라 쓰세요.

| 보기 | • 장소 • 사라지는 • 아껴 • 마음대로 |

① **멸종**: 동물이나 식물이 완전히 없어져 [　　　] 것

교과 어휘
② **터전**: 사람 또는 동식물이 자리 잡고 살아가는 [　　　]

교과 어휘
③ **절약(節約)하다**: 돈이나 자원 등을 [　　　] 쓰다.

2

기사 내용과 일치하면 ○표, 일치하지 않으면 ✕표를 하세요.

① 북극곰은 해빙 위에서 먹이를 찾으며 살아간다. [　　]

② 해빙이 사라지자 바다표범은 남쪽으로 이동했다. [　　]

③ 지구의 기온이 점차 올라가면서 북극곰이 점점 굶주리고 있다. [　　]

3

다음 중 북극곰이 위기에 처한 가장 큰 이유는 무엇인가요? (　　)

① 사냥을 게을리해서

② 사람들이 자꾸만 공격해서

③ 지구 온난화로 인해 먹이를 사냥할 기회가 줄어들어서

4

다음 문장 속 밑줄 친 말의 뜻은 무엇인가요?　(　　)

> 해빙이 사라지자 바다표범은 <u>포식자</u>인 북극곰을 피해 더 북쪽으로
> 이동했고, 결국 북극곰은 더욱 굶주리게 되었다.

① 다른 동물을 먹이로 삼는 동물

② 작은 생물을 돌보는 동물

③ 식물만 먹는 초식 동물

5

문해력

이 기사에 다른 제목을 붙인다면, 알맞은 것은 무엇인가요?　(　　)

① 북극곰의 하루

② 얼음이 녹자, 북극곰이 위험해졌어요

③ 바다표범과 친구가 된 북극곰

6

기사를 다시 한번 읽고, 글의 중심 문장을 완성하세요.

> 지구 온난화로 인해　ㅎ　ㅂ　이 녹아 사라지면서, 북극곰은 먹이를
> 사냥할 기회가 줄어　ㅁ　ㅈ　위기에 처하게 되었다.

절약(節約)   돈이나 자원 등을 아껴 쓰는 것

節

마디 절

'절약'의 節(마디 절)은 아끼고 줄인다는 뜻을 담고 있어요.

이 한자가 쓰인 다른 교과서 한자 어휘도 알아볼까요?

- **절제**   節 制   감정이나 행동을 조절하여 제한하는 것
  마디 절   억제할 제

- **조절**   調 節   상황에 따라 알맞게 맞추는 것
  고를 조   마디 절

- **절수**   節 水   물을 아껴 쓰는 것
  마디 절   물 수

 **교과서 한자 어휘에서 알맞은 것을 골라 쓰세요.**

❶ 에어컨 온도를 (　　　　　)하면 전기를 아낄 수 있어요.

❷ 화가 날 때는 감정을 (　　　　　)해야 해요.

❸ 우리 집에서는 (　　　　　)를 위해 양치할 때 물을 틀어 놓지 않아요.

북극곰은 왜 사람이 사는 곳까지 내려오게 되었을까요? 내가 북극곰이 되었다고 상상하며 답을 써 보세요.

숨바꼭질 고수! 변신 동물들의 비밀

　　동물들도 숨바꼭질을 할까요? 자연 속에서는 적에게 잡히지 않으려는 동물들의 숨바꼭질이 매일 벌어집니다.

　　그중 대표적인 숨바꼭질 고수[1]는 바로 '보호색'을 가진 동물들입니다. 보호색은 동물이 적의

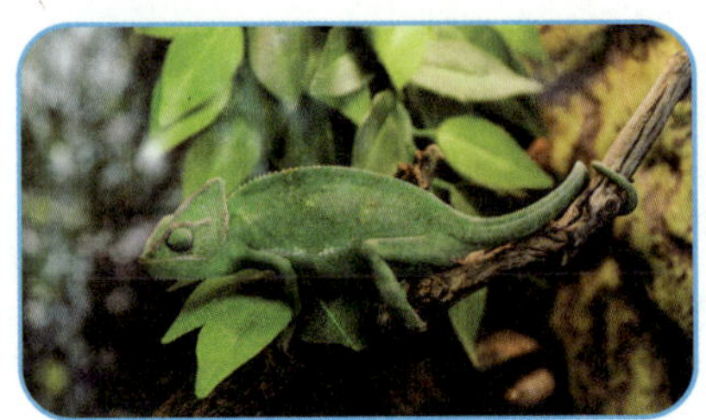

▲ 카멜레온

눈에 띄지 않도록 몸의 색깔이나 무늬를 주변 환경과 비슷하게 바꾸는 능력입니다.

　　예를 들어 카멜레온은 기분이나 주변 온도나 빛에 따라 피부색이 바뀌는데, 이 덕분에 천적[2]에게서 자신의 모습을 감출 수 있습니다.

　　보호색의 원리는 빛과 색깔의 반사와 관련이 있습니다. 동물의 피부 속 색소 세포가 빛을 다르게 반사하거나 흩어뜨리며 색을 바꾸는 원리입니다.

　　또한, 흉내문어는 주변에 있는 다른 동물과 비슷한 색으로 몸 색깔을 바꿀 뿐만 아니라, 겉모습을 바꾸기도 합니다. 가시가 있는 바다뱀이나 독을 가진 물고기처럼 위험한 존재를 흉내 내는 것입니다. 이러한 위장술을 '의태'라고 합니다.

▲ 흉내문어

　　보호색이나 의태는 자연 속에서 살아남기 위한 진화[3]의 결과입니다. 적에게 먹히지 않기 위해, 혹은 몰래 다가가 먹이를 사냥하기 위해 동물들은 자신을 숨기는 놀라운 방법을 발전시켜 왔습니다.

1) **고수**: 어떤 분야에서 기술이나 능력이 매우 뛰어난 사람

2) **천적**: 자기보다 강해서 자기를 잡아먹는 동물

3) **진화**: 생물이 오랜 시간에 걸쳐 점점 달라지며 변하는 것

1

다음 빈칸에 알맞은 말을 <보기>에서 골라 쓰세요.

보기   • 숨기다   • 찾다   • 감정   • 잡다

① **기분**: 즐겁거나 화나는 등 마음에 생겨 지속되는 [   ]

② **감추다**: 보이지 않게 가리거나 [   ].

교과 어휘
③ **사냥하다**: 사람이 짐승을 잡거나, 힘센 짐승이 약한 짐승을 먹이로 [   ].

2

기사 내용과 일치하면 ○표, 일치하지 않으면 ✕표를 하세요.

① 동물이 보호색을 띠면 적의 눈에 잘 띈다.   [   ]

② 카멜레온은 기분이나 온도에 따라 피부색이 달라진다.   [   ]

③ 흉내문어는 위험한 동물처럼 보이게 겉모습을 바꾸기도 한다.   [   ]

3

다음 중 동물에게 보호색이 필요한 가장 큰 이유는 무엇인가요?   (   )

① 멋진 색으로 자신을 뽐내기 위해

② 적의 눈에 띄지 않게 자신을 숨겨 살아남기 위해

③ 색을 바꾸면 더 빨리 움직일 수 있어서

4 다음 빈칸에 알맞은 말을 〈보기〉에서 골라 쓰세요.

➡ 어휘력

보기   • 기분   • 감추었다   • 사냥하는

❶ 오늘은 날씨가 맑아서 ＿＿＿＿＿＿ 이 좋았다.

❷ 사자가 초원에서 ＿＿＿＿＿＿ 모습이 TV에 나왔다.

❸ 나는 친구 몰래 지우개를 서랍 속에 ＿＿＿＿＿＿ .

5 흉내문어가 독이 있는 동물처럼 보이게 꾸민다는 것은 무슨 뜻일까요?　　（　　）

📖 문해력

① 실제로 독을 갖고 있다는 뜻이다.

② 독이 있는 동물처럼 겉모습을 바꾸어 자신을 지킨다는 뜻이다.

③ 무서운 바다뱀과 가까운 친척이라는 뜻이다.

한 번 더
읽었나요?

6 기사를 다시 한번 읽고, 글의 중심 문장을 완성하세요. ☐

🔍 요약력

ㅂ ㅎ ㅅ 이나 ㅇ ㅌ 는 동물이 살아남기 위해 진화한

결과이다.

카멜레온은 몸 색깔을 자유롭게 바꾸는 특별한 동물이에요. 사람들은 흔히 '기분이 변해서 색도 바뀌는 걸까?'라고 생각하지만, 사실 카멜레온의 색 변화는 단순히 기분 때문만은 아니랍니다. 온도, 빛, 주변 환경에 따라서도 색이 달라지지만 위협을 느낄 때도 달라지거든요.

카멜레온의 피부에는 아주 특별한 세포가 있어요. 이 세포 내부에는 나노 결정이 격자 구조를 이루고 있는데, 이 구조가 변하면서 빛을 반사해요. 세포 사이의 간격이 넓어지거나 좁아질 때마다 반사하는 빛의 색이 달라지지요. 마치 거울처럼 빛을 다르게 반사하여 여러 가지 색으로 보이는 거예요.

카멜레온은 이렇게 색을 자유롭게 바꾸는 신기한 능력 덕분에 세계적으로 큰 인기를 끌고 있어요. 카멜레온을 관찰하다 보면 자연 속 생물이 얼마나 신기한 능력을 갖고 있는지 깨닫게 되고, 자연을 더 소중히 지켜야 한다고 생각하게 된답니다.

만약 다른 동물로 변신할 수 있다면 어떤 동물이 되고 싶나요? 그 동물을 선택한 이유도 함께 써 보세요.

Q1 어떤 일이 실제로 나타나는 것은?

[예] 이번 여름에는 열대야 ⓗ ⓢ 이 뚜렷하게 나타났어요.

Q2 돈이나 자원 등을 아껴 쓰는 것은?

[예] 자원을 ⓩ ⓞ 하면 환경을 지킬 수 있어요.

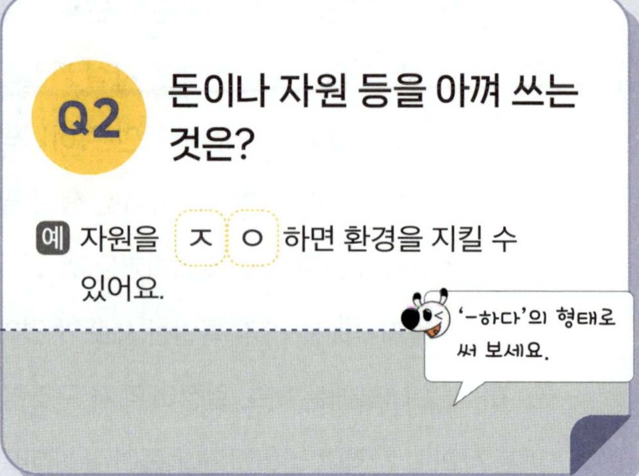

Q3 사람이 짐승을 잡거나, 힘센 짐승이 약한 짐승을 먹이로 잡는 일은?

[예] 구석기 시대 사람들은 먹을 것을 얻기 위해 동물을 ⓢ ⓝ 했어요.

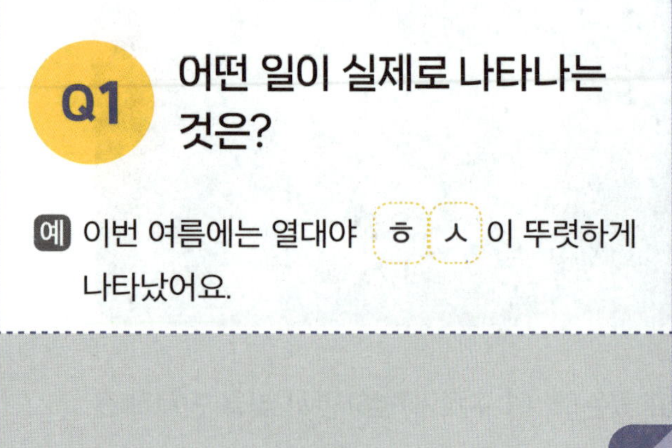

Q4 동물이나 식물이 완전히 없어져 사라지는 것은?

[예] 반달가슴곰은 현재 ⓜ ⓩ 위기에 처해 있어요.

Q5 물체나 기운이 힘 있게 서로 만나는 것은?

[예] 자동차와 자전거가 길에서 ⓑ ⓓ 힐 뻔했어요.

Q6 즐겁거나 화나는 등 마음에 생겨 지속되는 감정은?

[예] 시험이 끝나서 ⓖ ⓑ 이 좋아졌어요.

Q7 어떤 일이 갑자기 생기는 것은?

예 태풍이 ㅂ ㅅ 한 것은 정말 갑작스러운 일이었어요.

Q8 옳은 일을 했을 때 기분이 좋아지는 느낌은?

예 기부를 하고 나니 ㅃ ㄷ ㅎ 을 느꼈어요.

Q9 보이지 않게 가리거나 숨기는 것은?

예 동생이 내 장난감을 이불 속에 ㄱ ㅊ 어 두었어요.

Q10 사람이 다니거나 차가 지나는 길은?

예 새로 만든 ㄷ ㄹ 덕분에 차로 빨리 이동할 수 있어요.

Q11 깊이 생각하지 않아도 자연스럽게 하게 되는 행동이나 느낌은?

예 높은 곳에서 두려움을 느끼는 것은 ㅂ ㄴ 이에요.

Q12 사람 또는 동식물이 자리 잡고 살아가는 장소는?

예 숲은 많은 동식물이 살아가는 ㅌ ㅈ 이에요.

가로 열쇠와 세로 열쇠를 잘 읽고
빈칸에 알맞은 낱말을 써 보세요.

A 개		B		1 수	C	
2						
					3	D
4	E			F		
			5			
6/G				7		H
			8			

가로 열쇠 →

1 서울과 그 주변 큰 도시들을 이르는 말

2 날씨를 관찰하고 예보를 알려 주는 곳

3 어떤 일이나 사람에게 마음을 두고 살피는 것
단서 친구가 힘들어할 때는 따뜻한 ☐☐이 필요해요.

4 음식을 잘못 먹어 배탈이 나거나 설사를 하는 등의 증상이 나타나는 것
단서 상한 음식을 먹으면 배가 아프고 설사를 하는 ☐☐☐에 걸릴 수 있어요.

5 시에서 사용하는 글자가 지닌 소리의 리듬
단서 이 시는 비슷한 소리가 반복되어 ☐☐이 느껴져요.

6 나라 밖의 다른 나라와 관계를 맺는 일

7 이야기나 영화에서 가장 중요한 인물 단서 이 동화의 ☐☐☐은 용감한 소년이에요.

8 사람들이 어떤 것을 한동안 따라 하고 즐기는 것 단서 올해는 밝은 색 옷이 ☐☐이에요.

세로 열쇠 ↓

A 달이 해를 완전히 가려서 해가 보이지 않는 현상

B 어떤 일을 해 달라고 부탁하는 것 단서 선생님께 도움을 ☐☐했어요.

C 책을 모아 두고 빌려주는 곳 단서 책을 빌리기 위해 ☐☐☐에 갔어요.

D 어떤 기준에 따라 살펴보고 평가하는 일 단서 전문가들이 그림 대회 작품을 ☐☐했어요.

E 초등학교를 졸업한 다음에 가는 학교

F 자동차가 사람 도움 없이 스스로 움직이는 것

G 집 밖으로 나가는 일

H 배우고 익히는 일 단서 우리는 학교에서 ☐☐를 해요.

현금 없는 버스, 과연 모두에게 편할까?

요즘 서울 시내에서는 '현금 없는 버스'가 늘고 있습니다. 현금으로는 버스 요금을 낼 수 없고, 교통 카드[1]나 모바일 결제[2]만 가능한 버스입니다. 얼마 전 서울에서 현금을 내고 버스를 타려던 80대 할아버지가 당황한 사례가 전해졌습니다.

버스 기사가 현금은 안 된다고 말하자, 할아버지는 "이젠 현금을 내도 버스를 못 타는 거냐"며 되물었습니다. 그 모습을 본 한 승객이 대신 요금을 결제해 주면서 상황은 마무리되었습니다.

서울시에서는 요금을 더 편리하게 계산할 수 있고, 여러 사람이 만지는 현금의 위생 문제도 줄일 수 있다는 이유로 현금 없는 버스를 늘리고 있습니다. 하지만 현금 결제에 익숙한 어르신이나, 우리나라에 관광을 하러 와서 현금을 주로 사용하는 외국인 여행객이 현금 없는 버스를 이용하기 어려운 것은 분명합니다.

전문가들은 "누구나 불편 없이 버스를 타야 한다"며, 디지털 기기[3]에 익숙하지 않은 사람들을 위한 배려와 자세한 안내가 필요하다고 말합니다.

---

1) **교통 카드**: 버스나 지하철 등의 대중교통을 이용할 때 쓰는 카드
2) **모바일 결제**: 모바일 기기인 스마트폰을 이용해서 물건값이나 요금을 내는 방법
3) **디지털 기기**: 스마트폰, 컴퓨터처럼 전기를 이용해서 정보를 처리하는 기계

1

어휘 알기

다음 빈칸에 알맞은 말을 〈보기〉에서 골라 쓰세요.

보기　　　• 익힌　　• 둘러보며　　• 돈　　• 카드

교과 어휘
① **현금**: 바로 쓸 수 있는 ＿＿＿＿＿

② **익숙하다**: 어떤 일을 여러 번 해 보아 이미 잘 ＿＿＿＿＿ 상태이다.

교과 어휘
③ **관광(觀光)**: 다른 지역이나 나라를 ＿＿＿＿＿ 구경하는 것

2

이해력

기사 내용과 일치하면 ○표, 일치하지 않으면 ✕표를 하세요.

① 버스 요금을 내려면 반드시 현금을 준비해야 한다. [　　]

② 80대 할아버지가 교통 카드 없이 현금을 내고 버스를 타려다가 [　　]
어려움을 겪었다.

③ 디지털 기기에 익숙하지 않은 사람은 현금 없는 버스를 이용하기 [　　]
어려울 수도 있다.

3

이해력

다음 중 '현금 없는 버스'가 늘어나는 이유는 무엇인가요? (　　)

① 어르신들이 현금을 더 많이 쓰기 때문에

② 요금 계산을 더 편리하게 하려고

③ 외국인 여행객을 도와주기 위해서

4 다음 중 '디지털 기기'에 해당하지 <u>않는</u> 것은 무엇인가요?   (   )

어휘력

① 스마트폰

② 교통 카드

③ 종이 달력

5 이 기사에서 알 수 있는 내용은 무엇인가요?   (   )

문해력

① 어르신과 외국인 여행객도 디지털 기기를 잘 사용한다.

② 현금 없는 버스는 모든 사람에게 편리하다.

③ 새로운 제도를 도입할 때는 배려와 안내가 필요하다.

한 번 더
읽었나요?

6 기사를 다시 한번 읽고, 글의 중심 문장을 완성하세요.

요약력

디지털 기기에 익숙하지 않은 사람들도   ㅂ ㅍ   하지 않게

버스를 이용할 수 있도록   ㅂ ㄹ   와 안내가 필요하다.

관광(觀光)
다른 지역이나 나라를 둘러보며 구경하는 것

觀見

볼 관

'관광'의 觀(볼 관)은 어떤 것을 보는 것을 뜻해요.

이 한자가 쓰인 다른 교과서 한자 어휘도 알아볼까요?

- **관찰**  觀(볼 관) 察(살필 찰) — 자세히 보고 살피는 것

- **관중** 觀(볼 관) 衆(무리 중) — 운동 경기 등을 보려고 모인 사람들

- **관객** 觀(볼 관) 客(손님 객) — 공연이나 영화를 보러 온 손님

 교과서 한자 어휘에서 알맞은 것을 골라 쓰세요.

❶ 강낭콩의 잎이 자라는 모습을 (　　　　　)했어요.

❷ 연극이 끝나자 (　　　　　)들이 크게 박수를 쳤어요.

❸ 잠실 야구장에 수많은 (　　　　　)이 모였어요.

만약 내가 외국인 여행객이 되어 우리나라에서 버스를 처음 탄다면, 어떤 점이 어려울 것 같나요?

왜 이렇게 인기일까?
가격과 품질 관리가 답!

요즘 많은 사람들이 다이소에서 물건을 삽니다. 다이소는 문구, 생활 소품, 화장품까지 없는 게 없을 정도로 다양한 제품을 마련해 두고 있습니다.

다이소가 인기 있는 첫 번째 이유는 가격입니다. 대부분의 물건이 1,000원에서 5,000원 사이여서 부담 없이 살 수 있습니다. 이처럼 저렴한 가격이 다이소의 가장 큰 장점입니다.

두 번째 이유는 품질입니다. 어떤 소비자는 다이소에서 구입한 저렴한 물티슈의 품질이 외국 유명 브랜드[1] 제품보다 더 좋아 깜짝 놀랐다고 했습니다. SNS[2]에서도 다이소 제품을 '가성비템[3]'으로 소개하는 등 입소문이 났습니다.

다이소의 성공 비결은 저렴한 가격과 적정한 품질을 모두 갖춘 데 있습니다. 그 덕분에 경기 불황에도 매출이 오히려 늘고 있다고 합니다. 그러나 이처럼 싼 가격을 내세워 판매하는 회사들은 물건을 만들어 납품하는 업체들에게 물건값을 낮추라고 요구한다는 비판을 받기도 합니다. 다이소처럼 저렴한 물건을 파는 회사들에게는 더 공정하게 거래하는 방법을 찾아야 할 책임이 있습니다.

1) **브랜드**: 물건을 만든 회사 이름이나 상품 이름
2) **SNS**: 소셜 네트워크 서비스(Social Network Service)를 줄인 말로, 인터넷으로 연결되어 정보를 공유하는 서비스
3) **가성비템**: '가격 대비 성능의 비율'인 가성비가 좋은 아이템

1 👍 어휘 알기

다음 빈칸에 알맞은 말을 <보기>에서 골라 쓰세요.

> **보기**　　　● 준비하다　　● 좋은　　● 나쁜　　● 방법

1 **마련하다**: 필요할 때 쓸 수 있도록 미리 　　　　　　.

교과 어휘
2 **장점**: 다른 것보다 뛰어나거나 　　　　　 점

3 **비결**: 어떤 일을 잘 해내기 위한 특별한 　　　　　 이나 요령

2 💡 이해력

기사 내용과 일치하면 ○표, 일치하지 않으면 ✕표를 하세요.

1 다이소에서는 대부분의 물건을 1,000원에서 5,000원 사이의 　　[　　]
가격으로 판다.

2 한 소비자는 다이소의 저렴한 물티슈가 외국 유명 브랜드 　　[　　]
제품보다 더 좋다고 말했다.

3 다이소의 성공 비결은 비싼 가격과 화려한 광고이다. 　　[　　]

3 💡 이해력

다음 중 다이소가 많은 사람들에게 인기를 끄는 이유는 무엇인가요?　　(　　　)

① 물건은 보통인데 포장이 특별해서

② 가격이 저렴하고 품질이 괜찮다는 인식이 있어서

③ 외국 브랜드 제품만 판매해서

4

📝 어휘력

다음 문장 속 밑줄 친 말의 뜻은 무엇인가요?　（　　）

> SNS에서도 다이소 제품이 '가성비템'으로 불리며 <u>입소문</u>이 났다.

① 사람들이 서로 이야기를 주고받으며 퍼뜨리는 것

② 가게 앞에 광고판을 세워 광고하는 것

③ 물건을 사기 전에 그에 관해 설명하는 것

5

📖 문해력

이 기사에 다른 제목을 붙인다면, 알맞은 것은 무엇인가요?　（　　）

① 싸고 질 좋은 물건이 다이소의 인기 비결!

② 광고가 화려해야 물건이 잘 팔린다

③ 손님이 줄어 문을 닫는 다이소

한 번 더
읽었나요?

6

🔍 요약력

기사를 다시 한번 읽고, 글의 중심 문장을 완성하세요.

다이소의 성공 비결은 저렴한 　ㄱ　ㄱ　과 적정한　ㅍ　ㅈ　을 모두 갖춘 데 있다.

마트나 가게에서 '브랜드별 할인'이라는 안내문을 본 적 있나요? '브랜드'는 제품을 만든 회사 이름이나, 그 회사에서 내놓은 제품의 이름을 말해요. 예를 들어, 같은 립밤이어도 'OO코스메틱'에서 만든 립밤과 '△△뷰티'에서 만든 립밤은 서로 다른 브랜드예요.

요즘은 다이소처럼 한 가게에 여러 브랜드의 제품을 모아 둔 곳이 많아요. 이런 곳에서 제품을 살 때는 가격, 품질, 디자인 등 다양한 브랜드의 특징을 비교해 보고 내게 맞는 제품을 고르는 게 중요하답니다.

브랜드마다 사용하는 재료나 디자인, 포장 방식도 달라요. 어떤 브랜드는 환경을 생각해 포장을 최소화하고, 어떤 브랜드는 제품을 개발할 때 비윤리적인 동물 실험을 하지 않는다는 점을 내세우기도 해요.

브랜드를 보고 제품을 고르는 것은 자신이 중요하게 생각하는 가치를 지키는 방법이 될 수 있어요. 단순히 예쁘고 저렴한 것만 보는 것이 아니라, 그 제품이 어떤 생각을 담고 있는지 살펴보는 것도 멋진 소비의 시작이에요.

만약 내가 다이소의 사장이라면, 앞으로 어떤 물건을 새로 개발해서 손님들에게 인기를 끌고 싶나요? 상상해서 써 보세요.

만약에 10원짜리 동전이 사라진다면?

　요즘 주위에서 10원짜리 동전을 보기가 어려워졌습니다. 실제로 2025년 6월, 한국은행에서 만든 10원짜리 동전의 수는 170만 개로 아주 적었습니다. 2019년에는 2,630만 개를 만들었는데, 그때와 비교하면 약 15분의 1로 줄어든 셈입니다.

　그 이유는 여러 가지입니다. 먼저 요즘은 카드나 모바일로 결제하는 사람이 많아지면서 10원짜리 동전을 거의 쓰지 않습니다. 2024년에는 무려 3억 6,000만 원어치의 10원짜리 동전이 버려졌다고 합니다. 게다가 이 동전을 만드는 재료인 구리와 알루미늄[1] 값도 올랐습니다. 동전을 만드는 사람들의 인건비[2]와 은행까지 옮기는 운송비도 함께 올라, 10원짜리 동전 하나를 만드는 데 40원이 넘게 드는 실정[3]입니다.

　그렇다면 10원짜리 동전을 없애면 되는 게 아닌가 하는 의문이 생깁니다. 하지만 그건 그리 간단한 문제가 아닙니다. 10원짜리 동전이 사라지면 물건값이 전부 50원이나 100원 단위로 오르기 때문입니다. 이처럼 돈의 단위가 올라가면 물가[4]도 따라서 올라갑니다. 그러므로 10원짜리 동전은 우리 생활에 여전히 필요합니다.

1) **알루미늄**: 가볍고 잘 녹슬지 않는 은색 금속
2) **인건비**: 사람을 고용해 일을 시킬 때 드는 비용
3) **실정**: 어떤 일이나 어떤 곳의 실제 상태
4) **물가**: 생활에 필요한 물건과 서비스의 가격을 모두 합쳐 나타낸 값

1

어휘 알기

다음 빈칸에 알맞은 말을 〈보기〉에서 골라 쓰세요.

보기　　　　● 기준　　● 돈　　● 맡기고　　● 잊고

1 동전: 금속으로 만든 ______

교과 어휘
2 은행: 사람들이 돈을 ______ 찾는 곳

교과 어휘
3 단위(單位): 길이, 무게, 시간 등을 재는 ______

2

이해력

기사 내용과 일치하면 ○표, 일치하지 않으면 ✕표를 하세요.

1 2025년에는 2019년보다 10원짜리 동전을 더 많이 만들었다. [　　]

2 10원짜리 동전을 만드는 비용이 10원보다 더 많이 든다. [　　]

3 대부분 카드나 모바일로 결제하기 때문에, 요즘엔 10원짜리 [　　]
동전을 거의 쓰지 않는다.

3

이해력

만약 10원짜리 동전을 없애면 어떤 일이 생길까요? (　　　)

① 물건값이 10원씩 싸진다.

② 물건값이 50원 또는 100원 단위로 오른다.

③ 돈의 단위가 내려가서 물가가 싸진다.

4 어휘력

다음 빈칸에 알맞은 말을 <보기>에서 골라 쓰세요.

> **보기**   • 동전   • 은행   • 단위

① 나는 저금통에 [   ] 을 모으고 있다.

② 초, 분, 시간은 시각의 [   ] 이다.

③ [   ] 은 사람들이 안전하게 돈을 맡기는 곳이다.

5 문해력

이 기사에 다른 제목을 붙인다면, 알맞은 것은 무엇인가요?   (   )

① 작아도 꼭 필요해! 10원짜리 동전의 가치

② 지폐보다 중요한 카드 사용법

③ 1,000원짜리 동전 시대가 온다

한 번 더
읽었나요?

6 요약력

기사를 다시 한번 읽고, 글의 중심 문장을 완성하세요.

> 10원짜리 동전은 [ㅎ ㄱ] 사용이 줄고 동전을 만드는 비용이
>
> 증가하면서 잘 쓰이지 않지만, 여전히 [ㅍ ㅇ] 하다.

단위(單位) 길이, 무게, 시간 등을 재는 기준

單

홑 단

'단위'의 單(홑 단)은 '하나, 홀로'를 뜻해요.

이 한자가 쓰인 다른 교과서 한자 어휘도 알아볼까요?

• 단어  뜻을 가진 말의 가장 작은 단위

單 홑 단 / 語 말씀 어

• 단순  복잡하지 않고 간단한 것

單 홑 단 / 純 순수할 순

• 단독  다른 것 없이 혼자만 있는 상태

單 홑 단 / 獨 홀로 독

 교과서 한자 어휘에서 알맞은 것을 골라 쓰세요.

❶ 시험에서 모르는 (　　　　　)가 나와서 당황했어요.

❷ 이번 발표는 내가 (　　　　　)으로 하게 되었어요.

❸ 그 문제는 생각보다 (　　　　　)하게 풀렸어요.

내가 직접 돈을 만든다고 상상해 봐요! 어떤 모습(모양, 색, 크기 등)으로 만들고 싶은지 표현해 보세요.

세금을 피해 떠난 부자들이 향한 곳은?

전 세계의 부자들이 자신이 거주하던 나라를 떠나 다른 나라로 이주하는 사례가 늘고 있습니다. 한 유명 컨설팅 회사의 보고서에 따르면 2025년 기준 영국에서만 1만 6,500여 명의 부자가 떠날 것으로 예상되며, 우리나라에서도 그 숫자가 2,400여 명에 달할 것으로 전망됩니다. 그 이유는 바로 '세금' 때문입니다.

세금은 나라에서 도로를 만들거나 학교 등을 짓는 데 쓰기 위해 국민에게 걷는 돈입니다. 돈이 많을수록 더 많은 세금을 내야 합니다. 그래서 부자들이 세금이 많은 나라를 떠나, 세금이 적은 나라로 이사하는 것입니다.

이런 현상을 '웩시트(Wexit)'라고 부릅니다. '부자'를 뜻하는 영어 단어 '웰시(Wealthy)'와 '탈출'을 뜻하는 '엑시트(Exit)'가 만나 만들어진 단어입니다.

영국은 원래 영국에 사는 외국인이 해외에서 번 돈에는 세금을 매기지 않았습니다. 하지만 2024년부터 이 혜택을 없앴고, 이에 많은 외국인 부자들이 이탈리아나 아랍에미리트 같은 나라로 옮겨 갔습니다.

특히 아랍에미리트는 소득세[1], 양도세[2], 상속세[3]가 거의 없어 부자들이 가장 많이 찾는 나라가 되었습니다.

1) **소득세**: 일해서 번 돈에 따라 내는 세금
2) **양도세**: 땅이나 건물을 팔아서 생긴 돈에 따라 내는 세금
3) **상속세**: 부모 등의 가족에게 물려받은 돈이나 땅, 집에 따라 내는 세금

1

어휘 알기

다음 빈칸에 알맞은 말을 〈보기〉에서 골라 쓰세요.

보기   • 돈   • 옮겨   • 이로운   • 해로운

교과 어휘
① **부자**: ____________ 이 많은 사람

교과 어휘
② **이주하다**: 살던 곳에서 다른 곳으로 ____________ 가다.

③ **혜택**: 어떤 제도나 조건 덕분에 생기는 ____________ 결과

2

이해력

기사 내용과 일치하면 ○표, 일치하지 않으면 ✕표를 하세요.

① 최근에는 부자들이 세금이 적은 나라로 이주하고 있다.   [   ]

② 아랍에미리트는 다양한 세금이 많아 부자들이 이주하지 않는다.   [   ]

③ 영국에서는 외국인에게 세금을 줄여 주는 혜택이 새로 생겼다.   [   ]

3

이해력

다음 중 부자들이 외국으로 이주하는 가장 큰 이유는 무엇인가요?   (   )

① 가족과 더 많은 시간을 보내기 위해

② 더운 나라에서 살고 싶어서

③ 세금을 적게 내기 위해

4

어휘력

다음 빈칸에 알맞은 말을 〈보기〉에서 골라 쓰세요.

> **보기**
>
> • 부자 • 이주할 • 혜택

① ⬚ 가 되려면 돈을 잘 모으고 아껴 써야 한다.

② 여러 명이 함께 물건을 사면 할인 ⬚ 을 받을 수 있다.

③ 우리 가족은 해외로 ⬚ 계획이다.

5

문해력

다음 중 '웩시트(Wexit)'의 뜻은 무엇일까요?   (   )

① 부자들이 나라 밖으로 빠져나가는 현상

② 외국인이 한국으로 들어오는 것

③ 돈을 모으기 위해 일하는 과정

6

요약력

기사를 다시 한번 읽고, 글의 중심 문장을 완성하세요.

> ㅂ ㅈ 들이 ㅅ ㄱ 부담을 피해 세금이 적은 나라로 떠나고 있다.

뉴스나 어른들의 이야기에서 '세금을 많이 낸다', '세금 혜택이 줄었다'는 말을 들어 본 적이 있나요?

세금은 나라에서 도로나 학교 같은 공공시설을 만들거나, 사회를 유지하기 위해 국민에게 걷는 돈이에요.

모든 사람이 같은 금액을 내는 건 아니에요. 돈을 많이 벌수록 더 많이 내야 하는 '소득세'처럼, 사람마다 내는 금액이 달라요.

또, 세금에는 여러 종류가 있어요. 물건을 살 때 붙는 '부가가치세', 부모 등의 가족에게 재산을 물려받을 때 내는 '상속세', 집이나 땅을 팔아 이익을 얻었을 때 내는 '양도세' 같은 게 있지요.

나라에서는 이렇게 걷은 세금을 도로, 병원, 학교, 소방서, 국방처럼 우리 생활에 꼭 필요한 분야에 써요. 그래서 세금을 잘 내는 것은 모두가 함께 더 좋은 사회를 만들어 가는 방법이기도 해요.

세금이 없다면 학교도 병원도 제대로 운영할 수 없을 거예요. 내가 낸 세금이 모두를 위해 쓰인다고 생각하면, 세금을 내는 것이 아깝게만 느껴지지는 않겠지요?

부자가 세금을 더 많이 내는 제도는 왜 생겼을까요? 그 이유를 생각해서 써 보세요.

Q1 다른 지역이나 나라를 둘러보며 구경하는 것은?

예 여름 방학에 제주도로 ㄱ ㄱ 을 다녀왔어요.

Q2 길이, 무게, 시간 등을 재는 기준은?

예 m(미터)는 길이를 재는 ㄷ ㅇ 예요.

Q3 돈이 많은 사람을 뜻하는 말은?

예 옆 동네에는 ㅂ ㅈ 가 많이 살아요.

Q4 여러 번 해 보아 이미 잘 익힌 상태를 이르는 말은?

예 팝송을 자주 불러서 영어 가사가 이제 ㅇ ㅅ 하게 들려요.

Q5 어떤 제도나 조건 덕분에 생기는 이로운 결과는?

예 학생에게는 여러 가지 ㅎ ㅌ 을 준다고 해요.

Q6 금속으로 만든 돈은?

예 500원짜리 ㄷ ㅈ 을 여러 개 넣고 음료수를 뽑았어요.

Q7 지금 바로 쓸 수 있는 돈은?

예 지갑에 ㅎ ㄱ 이 5,000원 들어 있었어요.

Q8 어떤 일을 잘 해내기 위한 특별한 방법이나 요령은?

예 수영을 빨리 배우는 ㅂ ㄱ 을 알고 싶어요.

Q9 사람들이 돈을 맡기고 찾는 곳은?

예 엄마는 돈을 찾으러 ㅇ ㅎ 에 가셨어요.

Q10 다른 것보다 뛰어나거나 좋은 점은?

예 이 가방의 ㅈ ㅈ 은 가볍고 튼튼하다는 거예요.

Q11 살던 곳에서 다른 곳으로 옮겨 가는 것은?

예 시골에서 도시로 ㅇ ㅈ 하는 사람들이 늘었어요.

Q12 필요할 때 쓸 수 있도록 미리 준비하는 것은?

예 잔치에서는 음식을 ㅁ ㄹ 하는 게 가장 큰 일이에요.

과도한 배달 앱 수수료, '수수료 상한제'가 답?

　요즘 많은 사람들이 배달 앱[1]을 이용해 음식을 주문합니다. 이때 주문하는 사람은 배달비를 내고, 음식점 주인들은 배달 앱 회사에 수수료[2]를 냅니다. 배달 앱이 주문을 연결해 준 값, 카드 결제에 드는 돈, 배달 기사에게 주는 배달비 일부까지 모두 수수료에 포함됩니다. 그런데 높은 수수료에 많은 음식점 주인들이 부담을 느끼고 있습니다.

　이에 정부는 '수수료 상한제[3]'를 도입하기로 했습니다. 이 제도는 수수료를 일정한 수준 이상으로 받지 못하게 막는 것입니다. 이 제도가 시행되면, 음식점에서 1만 원짜리 음식을 팔며 배달 앱 수수료로 3,000~4,000원을 내는 경우가 줄어들 것으로 보입니다.

　하지만 반대 의견도 있습니다. 수수료를 강제로 낮추면 배달 앱 회사가 다른 비용을 올릴 수도 있기 때문입니다. 수수료가 낮아진 만큼 광고비를 올릴 수도 있는데, 이러면 결국 소비자와 음식점 모두 손해를 볼 우려가 있습니다.

　한편, 수수료가 너무 높으면 음식값이 오르거나 음식점 운영이 어려워질 수 있으므로 적당한 기준을 만들어야 한다는 의견도 제시되고 있습니다.

　배달 앱을 자주 쓰는 요즘, 사람들이 서로 만족할 수 있는 방법을 찾는 것이 중요합니다.

1) **배달 앱**: 휴대 전화로 음식 배달을 주문할 때 사용하는 프로그램
2) **수수료**: 어떤 일을 맡아 처리해 준 대가로 주는 돈
3) **상한제**: 가격이나 수량을 정해진 기준 이상으로 받을 수 없게 제한하는 제도

1

어휘 알기

다음 빈칸에 알맞은 말을 <보기>에서 골라 쓰세요.

보기 • 담기다   • 한결같다   • 맞는   • 맞지 않는

교과 어휘
1 **포함(包含)되다**: 전체 안에 어떤 것이 　　　　.

교과 어휘
2 **일정하다**: 어떤 것의 양, 상태, 계획 등이 달라지지 않고 　　　　.

교과 어휘
3 **반대**: 어떤 생각이나 주장에 대해 의견이 　　　　 것

2

이해력

기사 내용과 일치하면 ○표, 일치하지 않으면 ✕표를 하세요.

1 음식점 주인은 배달 앱을 이용할 때 수수료를 내야 한다.　　[　　]

2 수수료 상한제는 수수료를 아예 없애는 제도이다.　　[　　]

3 수수료 상한제가 도입되면, 수수료가 낮아지는 대신 광고비가　　[　　]
오를 수도 있다.

3

이해력

다음 중 기사 내용과 가장 잘 맞는 문장은 무엇인가요?　（　　）

① 요즘 사람들은 배달 앱을 잘 사용하지 않는다.

② 수수료 상한제는 음식짐의 부담을 줄이기 위해 만든 제도이다.

③ 모든 가게는 배달 앱 수수료를 내지 않아도 된다.

4 다음 빈칸에 알맞은 말을 〈보기〉에서 골라 쓰세요.

➡️ 어휘력

보기
• 포함되어　　• 일정한　　• 반대

① 오늘 급식 메뉴에는 과일이 　　　　　 있다.

② 시곗바늘은 늘 　　　　　 속도로 움직인다.

③ 나는 부모님의 　　　　　 에도 계획을 바꾸지 않았다.

5 수수료 상한제를 반대하는 사람들은 어떤 점을 걱정하나요?　（　　）

📖 문해력

① 배달 앱 회사가 문을 닫을까 봐

② 수수료가 낮아지는 대신 다른 비용이 오를까 봐

③ 사람들이 배달을 안 시킬까 봐

6 기사를 다시 한번 읽고, 글의 중심 문장을 완성하세요.

한 번 더
읽었나요?

🔍 요약력

　ㅂ　ㄷ　ㅇ　 사용이 늘어나면서, 정부는 음식점의 부담을

줄이기 위해 수수료 상한을 　ㅈ　ㅎ　 하는 제도를 도입하기로 했다.

포함(包含) 〉 전체 안에 어떤 것을 담는 것

쌀 포

'포함'의 包(쌀 포)는 무엇인가를 감싼다는 뜻이에요.

이 한자가 쓰인 다른 교과서 한자 어휘도 알아볼까요?

- **포장** | 包 쌀 포 | 裝 꾸밀 장 | — 물건을 싸거나 겉을 꾸미는 것

- **포괄** | 包 쌀 포 | 括 묶을 괄 | — 어떤 것을 한데 묶어 한 범위 안에 두는 것

- **포용** | 包 쌀 포 | 容 얼굴 용 | — 다른 생각이나 사람을 너그럽게 받아들이는 것

교과서 한자 어휘에서 알맞은 것을 골라 쓰세요.

❶ 선물을 예쁘게 (　　　　　)해서 전하면 더 좋아요.

❷ 그 법은 어린이와 청소년을 함께 (　　　　　)해서 보호해요.

❸ 친구의 실수를 (　　　　　)하는 마음도 필요해요.

수수료 상한제를 시행하면 당장은 수수료가 낮아져 음식점에 도움이 되지만, 대신 광고비나 배달비가 올라 결국 수익이 줄어들 수 있어요. 이 제도가 필요하다고 생각하나요? 그렇게 생각하는 이유도 함께 써 보세요.

거짓말로 반품을? 온라인에서도 정직해야

　온라인 쇼핑몰에서 신선식품[1]을 사고, 일부러 거짓말을 해 반품을 신청한 사람이 법원에서 결국 처벌을 받았습니다. 이 사람은 20대 여성으로 4개월 동안 1,600번 넘게 신선식품을 주문하고, 거짓말로 이유를 만들어 환불을 요청했습니다. 이렇게 사기[2]를 쳐서 환불받은 금액이 3,000만 원이 넘는다고 합니다.

　해당 온라인 쇼핑몰은 신선식품에 문제가 생겼을 경우, 상품을 되돌려주지 않아도 환불해 주는 정책을 적용하고 있습니다. 그런데 이 점을 나쁘게 이용한 것입니다. 이 여성은 다른 사람들에게 "싸게 대신 주문해 주겠다"며 돈을 받은 뒤, 정상인 물건에 문제가 있다고 거짓으로 꾸며 반품을 신청하는 방법을 썼습니다.

　법원은 이 여성에게 징역[3] 8개월을 선고하고, 감옥에 가지 않는 대신 2년 동안 조심하며 바르게 살아야 한다는 집행 유예[4] 판결을 내렸습니다. 또, 120시간 동안 사회봉사도 하라고 명령했습니다. 법원은 "계획적으로 나쁜 일을 했고, 아직도 피해 금액이 다 되돌려지지 않았다"고 밝혔습니다. 온라인에서도 물건을 사고팔 때 정직함이 중요하다는 사실을 다시 한번 보여 주는 사례라고 할 수 있습니다.

1) **신선식품**: 쉽게 상하거나 오래 두기 어려운 음식(예: 우유, 과일)

2) **사기**: 나쁜 꾀로 남을 속이는 것

3) **징역**: 법을 크게 어긴 사람이 벌로 감옥에 갇혀 생활하는 것

4) **집행 유예**: 죄는 있지만, 일정 기간 조심하면 감옥에 가지 않도록 형을 미루는 처벌

1

어휘 알기

다음 빈칸에 알맞은 말을 <보기>에서 골라 쓰세요.

보기
- 보내는
- 이득
- 돌려받는
- 손해

1 **반품**: 산 물건을 되돌려 　　　　 것

2 **환불**: 이미 낸 돈을 　　　　 것

교과 어휘
3 **피해**: 　　　　를 입는 것

2

이해력

기사 내용과 일치하면 ○표, 일치하지 않으면 ✕표를 하세요.

1 한 여성이 신선식품을 거짓으로 반품해 환불을 받았다. 　　[　　]

2 여성이 거짓으로 환불을 받은 금액은 3,000만 원이 넘었다. 　　[　　]

3 법원은 이 여성에게 벌금만 내고 자유롭게 살도록 했다. 　　[　　]

3

이해력

다음 중 이 여성이 사기를 칠 수 있었던 이유는 무엇인가요? 　（　　）

① 상품을 되돌려주지 않아도 환불받을 수 있었기 때문에

② 다른 사람들이 상품을 몰래 가져갔기 때문에

③ 상품이 실제로 상해서 문제가 생겼기 때문에

4 어휘력

다음 빈칸에 알맞은 말을 〈보기〉에서 골라 쓰세요.

보기   • 반품   • 환불   • 피해

① 주문한 옷이 너무 커서 [   ]을 신청했다.

② 그 가게는 불이 나서 큰 [   ]를 입었다.

③ 새로 산 장난감이 불량이라 반품하고, [   ]을 요청했다.

5 문해력

이 기사를 바탕으로, 사람들이 가져야 할 바람직한 태도는 무엇일까요?   (   )

① 허술한 정책을 마음대로 이용하는 태도

② 온라인에서 쇼핑할 때도 정직하게 행동하는 태도

③ 남들이 잘못하는 것을 별생각 없이 따라 하는 태도

6 요약력

기사를 다시 한번 읽고, 글의 중심 문장을 완성하세요.

[ㅇ][ㄹ][ㅇ] 에서 물건을 사고팔 때도 [ㅈ][ㅈ][ㅎ] 이

중요하다.

집행 유예

뉴스에서 "법원은 ○○에게 징역 8개월, 집행 유예 2년을 선고했다"는 말을 들어 본 적이 있나요? 집행 유예는 법원에서 어떤 사람에게 벌을 내리되, 일정 기간 조심하면 실제로 감옥에 보내지는 않는 처벌이에요.

이 기사에 나온 여성도 구매한 신선식품에 문제가 있다며 거짓으로 반품하고 돈을 챙겨 징역 8개월을 선고받았지만, 바로 감옥에 가지 않고 2년 동안 정해진 조건을 지키는 집행 유예 판결을 받았어요.

집행 유예를 받은 사람은 그 기간에 나쁜 행동을 하지 않고 올바르게 살아야 해요. 만약 그 기간에 또다시 범죄를 저지르면, 유예되었던 형벌까지 모두 합쳐 감옥에 가게 되지요.

집행 유예는 사람이 한 번의 실수로 모든 것을 잃지 않도록 기회를 주는 제도예요. 그 기회를 무겁게 받아들이고 책임 있는 태도로 살아야 한다는 것을 뜻하기도 해요. 이 제도는 누구나 실수할 수 있지만, 실수한 뒤에 어떻게 행동하느냐가 더 중요하다는 사실을 알려 주어요.

거짓으로 반품을 신청해 돈을 환불받는 이런 행동이 왜 문제가 될까요? 나의 생각을 써 보세요.

인기 도시 된 인천의 숨은 비결은 무엇?

인천의 **인구**가 점점 많아지고 있습니다. 2025년 3월 기준, 인천의 주민등록[1] 인구는 약 302만 7,854명입니다. 2024년 말보다 1만 명 넘게 증가[2]해, 전국에서 인구가 가장 많이 늘어난 **도시**로 꼽혔습니다. 인천 다음으로는 서울, 대전, 세종의 인구가 소폭 늘었습니다.

1년 전과 비교해 보면 서울, 부산, 대구, 대전 등 대도시에서는 대부분 인구가 줄었지만, 인천만 2만 명 이상 늘었습니다.

아기 출생 수[3]에서도 인천이 전국 1위를 기록했습니다. 2024년 인천에서 태어난 아기는 1만 5,000명이 넘었는데, 이는 그 전해인 2023년보다 11% 넘게 늘어난 수치였습니다.

사람들이 인천으로 이사 오는 비율도 높습니다. 인천시는 다양한 **사업**과 정책 덕분에 인구가 늘었다고 보고 있습니다. 예를 들어, '아이플러스(i+) 1억드림'은 인천에서 태어나는 모든 아이에게 태아부터 18세까지 총 1억 원을 지원하는 제도입니다. 또 '천원주택'은 신혼부부가 하루에 1,000원만 내고 집을 빌려 쓸 수 있게 도와주는 사업입니다. 인천시는 이런 여러 가지 혜택을 통해 사람들이 더욱 살고 싶어 하는 도시를 만들겠다고 밝혔습니다.

---

1) **주민등록**: 한 지역에 사는 사람을 나라에서 이름과 주소로 기록해 두는 것
2) **증가**: 양 또는 수치가 늘거나 값이 오르는 것
3) **출생 수**: 아기가 태어난 수

1

어휘 알기

다음 빈칸에 알맞은 말을 <보기>에서 골라 쓰세요.

> **보기** • 사람   • 과거   • 건물   • 계획

① **인구**: 일정한 지역에 사는 [   ]의 수

교과 어휘
② **도시(都市)**: [   ]이 많고, 사람들이 많이 모여 사는 곳

교과 어휘
③ **사업**: 어떤 목적을 이루기 위해 [   ]을 세우고 계속 경영하는 것

2

이해력

기사 내용과 일치하면 ○표, 일치하지 않으면 ✕표를 하세요.

① 2025년 3월 기준, 인천의 인구는 약 250만 명이다.　　　　[　　]

② 인천은 2025년에 전국에서 인구가 가장 많이 늘어난 도시였다. [　　]

③ '천원주택'은 신혼부부에게 하루에 1,000원만 받고 집을
　빌려주는 사업이다.　　　　　　　　　　　　　　　　[　　]

3

이해력

다음 중 인천시의 인구가 늘어난 이유로 알맞은 것은 무엇인가요?　（　　）

① 다른 도시보다 날씨가 따뜻해서

② 다양한 사업과 정책이 사람들에게 도움이 되었기 때문에

③ 서울보다 물가가 싸서

4 **어휘력**

다음 빈칸에 알맞은 말을 <보기>에서 골라 쓰세요.

보기   • 인구   • 도시   • 사업

❶ 서울은 우리나라에서 가장 인구가 많은 　　　　　이다.

❷ 우리 마을의 　　　　　는 약 1만 명이다.

❸ 정부는 청년 일자리를 늘리기 위한 　　　　　을 진행하고 있다.

5 **문해력**

다음 중 인구를 늘리기 위한 인천시의 노력으로 알맞은 것은 무엇인가요? (　　　)

① 사람들이 떠나지 않도록 집값을 올렸다.

② 아이가 태어나면 돈을 지원하는 정책을 만들었다.

③ 사람들이 외국으로 나가는 것을 도와주는 제도를 마련했다.

한번 더
읽었나요?

6 **요약력**

기사를 다시 한번 읽고, 글의 중심 문장을 완성하세요. ☐

인천시의 　ㅇ　ㄱ　는 다양한 사업과 　ㅈ　ㅊ　 덕분에 계속

늘고 있다.

도시(都市)
건물이 많고, 사람들이 많이 모여 사는 곳

저자 시

'도시'의 市(저자 시)는 사람들이 많이 모여 살며, 경제나 문화 활동이 활발한 곳을 뜻해요.

이 한자가 쓰인 다른 교과서 한자 어휘도 알아볼까요?

- **시장** 

  사람들이 물건을 사고 파는 곳

- **시내** 

  도시의 중심이나 안쪽 지역

- **시청** 

  도시의 행정 업무를 처리하는 기관

 교과서 한자 어휘에서 알맞은 것을 골라 쓰세요.

❶ 버스를 타고 (　　　　　)로 나갔어요.

❷ 주소지를 바꾸려면 (　　　　　)에 가야 해요.

❸ 어머니는 주로 (　　　　　)에 가서 장을 보세요.

인천에서는 아기가 많이 태어나고, 많은 사람들이 인천으로 이사 오고 있어요. 이런 현상이 우리 사회에 앞으로 어떤 영향을 줄지 써 보세요.

주 4일제, 기대 반 걱정 반

요즘 '주 4일제[1]'에 대한 이야기가 자주 들려옵니다. 주 4일제는 일주일에 5일이 아니라 4일만 일하거나 학교에 가는 제도입니다. 하루를 더 쉴 수 있어 좋지만, 직장인들 중에는 월급[2]이 줄어들까 봐 걱정하는 사람도 있습니다.

"월급이 좀 줄어도 하루 더 쉬고 싶다"는 사람도 있고, "일을 덜 하더라도 월급은 줄면 안 된다"는 사람도 있습니다. 어떤 사람은 "요즘은 회사에서 정당한 대우를 받지 못하는 경우가 많으니, 시간이라도 더 있었으면 좋겠다"고 말합니다. 일한 만큼 돈을 주지 않거나 휴일에 근무해야 하는 경우도 있기 때문입니다. 또 어떤 사람은 "작은 회사에서는 일이 더 많아질 수도 있고, 월급이 줄어들 수도 있어 어렵다"고 합니다.

한 온라인 커뮤니티[3]의 조사 결과, 직장인 10명 중 6명 이상이 주 4일제에 찬성한다고 답했습니다. 다만, 이 조사에서는 월급이 줄어드는 것에 대해서는 묻지 않았습니다. 앞으로 이 제도가 실제로 도입될지, 월급이나 근무 시간은 어떻게 바뀔지에 대해 더 많은 논의가 필요합니다.

1) **주 4일제**: 일주일에 4일만 일하거나 학교에 가는 제도
2) **월급**: 일한 대가로 매달 받는 돈
3) **커뮤니티**: 관심이 비슷한 사람들이 모여 활동하는 공간이나 모임

1

다음 빈칸에 알맞은 말을 〈보기〉에서 골라 쓰세요.

보기
- 태도
- 이야기하는
- 올바르고
- 잘못된

1 정당하다: 행동이나 태도가 ________ 마땅하다.

2 대우: 어떤 사회적 관계나 ________ 로 사람을 대하는 것

3 논의: 어떤 주제에 관해 함께 ________ 것

2

기사 내용과 일치하면 ○표, 일치하지 않으면 ✕표를 하세요.

1 주 4일제는 일주일에 4일만 일하거나 학교에 가는 제도이다.　[　]

2 주 4일제에 찬성하는 사람은 거의 없는 것으로 나타났다.　[　]

3 조사에서 월급이 줄어드는 것에 대해서는 묻지 않았다.　[　]

3

사람들이 주 4일제와 관련해 걱정하는 이유는 무엇인가요?　(　)

① 하루 더 쉬면 너무 심심할 것 같아서

② 일하는 시간이 줄어드는 만큼 월급도 줄어들까 봐

③ 회사가 문을 닫을까 봐

4

 어휘력

다음 문장 속 밑줄 친 말의 뜻은 무엇인가요? (　　)

> 요즘은 회사에서 <u>정당한 대우</u>를 받지 못하는 경우가 많으니,
> 시간이라도 더 있었으면 좋겠다.

① 누구에게나 똑같이 보상하는 것

② 일한 만큼 마땅히 보상하는 것

③ 일은 적게 시키고 많이 보상하는 것

5

문해력

"작은 회사에서는 일이 더 많아질 수도 있다"는 말에서 알 수 있는 점은 무엇인가요? (　　)

① 일하는 날짜가 줄어서 4일 동안 밤늦게까지 일해야 할 수도 있다.

② 안 해도 되는 일까지 해야 할 수도 있다.

③ 일이 많아져 사람을 더 많이 뽑아야 할 수도 있다.

6

요약력

기사를 다시 한번 읽고, 글의 중심 문장을 완성하세요. 한 번 더 읽었나요?

> 많은 사람들이 주 4일제에 ㅊ ㅅ 하지만, ㅂ ㄷ 하는
> 사람들도 있는 만큼 많은 논의가 필요하다.

'주 4일제'라는 말을 들어 본 적이 있나요? 이 제도는 일주일에 5일이 아니라 4일만 일하거나 학교에 가는 것을 말해요. 하루를 더 쉴 수 있다는 점에서 사람들의 관심을 모으고 있어요.

예전에는 평일에 5일 동안 일하고 주말에 2일 동안 쉬는 것이 당연했지만, 요즘은 일과 휴식의 균형을 더 중요하게 생각해요. 그래서 나온 것이 '주 4일제'예요. 하지만 쉬는 날이 많아지면 그만큼 일하는 시간이 줄어들기 때문에 월급이 적어질까 봐 걱정하는 사람들도 있어요. 또, 가게나 병원처럼 매일 누군가는 반드시 일해야 하는 곳에서는 어떻게 운영해야 할지도 고민이지요.

'주 4일제'를 도입하려면 직업마다 환경이 다르다는 점을 고려하는 것이 중요해요. 어떤 사람은 하루를 더 쉬면 건강에도 좋고 더 열심히 일할 수 있을 거라고 생각하고, 또 어떤 사람은 월급이 줄어들어 생활이 어려워질까 봐 걱정해요.

앞으로 우리가 살아갈 미래엔 어떤 방식으로 일하게 될까요?
'주 4일제'가 그중 하나일 수 있겠지요! 만약 일주일에 하루를 더 쉬게 된다면 어떻게 보내고 싶나요?

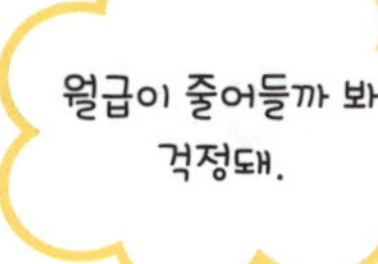

주 4일제가 도입되면 회사나 학교에 어떤 변화가 생길까요? 긍정적인 점과 걱정되는 점을 나누어서 생각하고 써 보세요.

Q1 산 물건을 되돌려보내는 것은?

예 새로 산 옷이 마음에 들지 않아 ㅂㅍ 을 신청했어요.

Q2 일정한 지역에 사는 사람의 수는?

예 중국은 ㅇㄱ 가 무척 많은 나라예요.

Q3 행동이나 태도가 올바르고 마땅한 것은?

예 열심히 공부해서 좋은 점수를 받는 것은 ㅈㄷ 한 결과예요.

Q4 손해를 입는 것을 뜻하는 말은?

예 비가 엄청나게 쏟아져서 농작물의 ㅍㅎ 가 컸어요.

Q5 어떤 주제에 관해 함께 이야기하는 것은?

예 우리는 이 문제를 해결하려고 ㄴㅇ 를 거듭했어요.

Q6 전체 안에 어떤 것이 담기는 것은?

예 이 세트 메뉴에는 음료도 ㅍㅎ 되어 있어요.

Q7 어떤 생각이나 주장에 대해 의견이 맞지 않는 것은?

예 내 의견에 ㅂㄷ 의견이 나와서 토론했어요.

Q8 어떤 사회적 관계나 태도로 사람을 대하는 것은?

예 부당한 ㄷㅇ 를 받으면 화가 나요.

Q9 어떤 것의 양, 상태, 계획 등이 달라지지 않고 한결같은 것은?

예 스쿨버스는 언제나 ㅇㅈ 한 시간에 도착해요.

Q10 이미 낸 돈을 돌려받는 것은?

예 새로 산 신발에 문제가 있어서, 교환하지 않고 ㅎㅂ 을 요청했어요.

Q11 건물이 많고, 사람들이 많이 모여 사는 곳은?

예 부산은 우리나라에서 두 번째로 인구가 많은 ㄷㅅ 예요.

Q12 어떤 목적을 이루기 위해 계획을 세우고 계속 경영하는 것은?

예 도전적인 우리 아빠는 새 ㅅㅇ 을 시작했어요.

대형 마트 의무 휴업일 제도,
전통 시장 활성화에 정말 효과 있었을까?

　　대형 마트[1]와 전통 시장[2]은 모두 사람들이 장을 보는 데 중요한 공간입니다. 대형 마트는 다양한 상품을 팔고 주차장이 넓어 편리합니다. 반면 전통 시장은 가격이 비교적 저렴하다는 장점이 있습니다.

　　정부는 2000년대에 대형 마트의 무분별한 확장에 대응하고, 전통 시장과 동네 가게를 보호하기 위해 '대형 마트 의무 휴업일 제도'를 만들었습니다. 이 제도에 따라 대형 마트는 현재 한 달에 두 번 문을 닫습니다. 보통은 공휴일에 쉬고, 일부 지자체의 대형 마트에서는 평일에 쉬기도 합니다.

　　이 제도에 찬성하는 사람들은 "대형 마트가 쉬면 사람들이 전통 시장에 가서 물건을 살 테니, 전통 시장이 활성화될 것이다"라고 말합니다. 또, 대형 마트 직원들도 공휴일에 가족과 함께 쉴 수 있어서 좋다는 의견입니다.

　　반대하는 사람들은 "오프라인에서 온라인으로 소비자의 소비 패턴이 바뀌면서, 대형 마트가 쉬는 날에는 사람들이 전통 시장에 가는 대신 온라인으로 쇼핑한다"며 이 제도의 효과에 의문을 제기합니다.

　　대형 마트 의무 휴업일 제도가 시행된 지 13년이 지난 지금, 이 제도가 전통 시장과 지역 경제[3]를 살리는 데 정말 효과가 있는지에 대해 고민이 필요한 시점입니다.

1) **대형 마트**: 다양한 물건을 갖추고 큰 규모로 운영하는 가게
2) **전통 시장**: 오랜 시간에 걸쳐 일정한 지역에 자연스럽게 생긴 시장
3) **지역 경제**: 한 지역에서 사람들이 사고파는 일과 돈의 흐름

1

다음 빈칸에 알맞은 말을 <보기>에서 골라 쓰세요.

보기　　● 비싸다　● 싸다　● 기관　● 생각

① **저렴하다**: 물건의 가격이 　　　　　　.

교과 어휘
② **정부(政府)**: 나라를 다스리고, 국민을 위해 일하는 　　　　　

③ **의견**: 어떤 일에 대한 자신의 　　　　　

2

기사 내용과 일치하면 ○표, 일치하지 않으면 ✕표를 하세요.

① 대형 마트는 한 달에 두 번 문을 닫도록 되어 있다.　　　　[　　]

② 대형 마트는 공휴일에만 쉰다.　　　　[　　]

③ 일부 사람들은 대형 마트가 쉬면 전통 시장 매출이 늘 　　　[　　]
　 것이라고 생각한다.

3

다음 중 기사 내용과 가장 잘 맞는 문장은 무엇인가요?　(　　)

① 대형 마트가 쉬면 모두가 온라인으로 쇼핑한다.

② 대형 마트가 쉬면 전통 시장에 도움이 될 수도 있지만, 그 효과는
　 확실하지 않다.

③ 대형 마트는 언제나 평일에만 문을 닫는다.

4 다음 중 '정부'에 해당하지 <u>않는</u> 기관은 무엇인가요?　(　　)

어휘력

① 교육부

② 시청

③ 대형 마트

5 이 기사에 다른 제목을 붙인다면, 알맞은 것은 무엇인가요?　(　　)

문해력

① 대형 마트 의무 휴업일 제도, 계속 유지해야 할까?

② 온라인 쇼핑이 전통 시장을 없앤다

③ 대형 마트는 매일 영업해야 한다

한 번 더
읽었나요?

6 기사를 다시 한번 읽고, 글의 중심 문장을 완성하세요.

요약력

| ㅈ | ㅌ | ㅅ | ㅈ | 과 동네 가게를 보호하기 위해 만든 대형 마트

| ㅇ | ㅁ | ㅎ | ㅇ | ㅇ | 제도에 대해 고민이 필요하다.

정부(政府) | 나라를 다스리고, 국민을 위해 일하는 기관

政

정사 정

'정부'의 政(정사 정)은 나라를 다스리거나 정책을 세우는 일을 뜻해요.

이 한자가 쓰인 다른 교과서 한자 어휘도 알아볼까요?

- 정치  나라를 이끌고 다스리는 활동

  政 정사 정 治 다스릴 치

- 행정  나랏일을 정하고 처리하는 일

  行 다닐 행 政 정사 정

- 정책  나라에서 정한 계획이나 방침

  政 정사 정 策 꾀 책

 **교과서 한자 어휘에서 알맞은 것을 골라 쓰세요.**

❶ 선거는 (　　　　　　)의 중요한 한 부분이에요.

❷ 시청은 여러 가지 (　　　　　　) 업무를 처리하는 곳이에요.

❸ 정부는 인구 감소에 대비해 새로운 (　　　　　　)을 발표했어요.

대형 마트가 쉬는 날, 우리 집에서는 어떻게 장을 보나요? 그렇게 장을 보는 이유에 대해 부모님과 함께 이야기를 나누고 써 보세요.

'무제한'이 곧 '무책임'은 아니에요!

서울의 한 빵집에서 9,900원만 내면 빵을 마음껏 먹을 수 있는 '빵 뷔페[1]'가 인기를 끌고 있습니다. 오전 8시에 문을 여는 매장 앞에 이른 아침부터 사람들이 줄을 설 정도입니다. 여러 가지 빵을 무제한으로 먹을 수 있어 많은 손님이 몰리고 있습니다.

하지만 음식물 쓰레기가 너무 많이 나온다는 지적도 나오고 있습니다. 빵을 많이 가져가 한 입만 먹고 남기거나, 아예 손도 대지 않은 채 버리는 경우가 많았기 때문입니다. 일부 손님이 빵을 몰래 가져가는 사례도 있었습니다.

뷔페에서는 먹을 만큼만 가져가는 것이 기본예절[2]입니다. 누리꾼들은 "빵 크기를 작게 잘라서 제공하자", "남기는 사람에게 환경 부담금[3]을 받자" 등의 의견을 내놓고 있습니다. 빵집과 손님이 음식 낭비를 줄일 방법을 함께 고민해야 한다는 목소리가 커지고 있습니다.

뷔페에서 무제한으로 음식을 먹을 수 있다고 해서 무책임하게 행동해도 된다는 생각은 버려야 합니다. 먹을 만큼만 가져가서 먹는 것이 모두를 배려하는 태도입니다.

---

1) **뷔페**: 여러 가지 음식을 한곳에 차려 놓고, 손님이 스스로 골라 먹도록 하는 식당
2) **예절**: 다른 사람을 배려하며 지켜야 하는 올바른 행동
3) **환경 부담금**: 환경을 지키기 위해 내는 돈

1

어휘알기

다음 빈칸에 알맞은 말을 <보기>에서 골라 쓰세요.

보기   • 함부로   • 마음껏   • 강제로   • 장소

① **매장**: 물건을 파는

② **무제한**: 정해진 수나 양 없이   할 수 있는 것

교과 어휘
③ **낭비**: 시간이나 물건을   쓰는 것

2

이해력

기사 내용과 일치하면 ○표, 일치하지 않으면 ✕표를 하세요.

① 서울의 한 빵집에서 빵을 마음껏 먹을 수 있는 뷔페를 내놓아   [   ]
인기를 끌고 있다.

② 손님들이 빵을 많이 남기지 않아서 음식물 쓰레기가   [   ]
줄어들었다.

③ 누리꾼들은 빵을 더 크게 만들어야 한다는 의견을 냈다.   [   ]

3

이해력

다음 중 '빵 뷔페'에서 생긴 문제는 무엇인가요?   (   )

① 손님이 너무 적은 것

② 손님들이 빵을 가져가서 파는 것

③ 빵을 많이 남기거나 몰래 가져가는 것

4 ▶ 어휘력

다음 문장 속 밑줄 친 말의 뜻은 무엇인가요?　（　　　）

> 뷔페에서는 먹을 만큼만 가져가는 것이 **기본예절**이다.

① 가장 밑바탕이 되고 중요한 예의와 절차

② 특정한 장소에서 지켜야 하는 예의

③ 학생들에게 중요한 예의범절

5 ▶ 문해력

누리꾼들이 음식 낭비를 줄이기 위해 제안한 방법은 무엇인가요?　（　　　）

① 빵집을 더 크게 만들자.

② 남긴 빵을 다른 사람에게 주자.

③ 빵을 작게 자르고, 환경 부담금을 받자.

6 ▶ 요약력

기사를 다시 한번 읽고, 글의 중심 문장을 완성하세요.

　ㅂ　ㅍ　에서　ㅁ　ㅈ　ㅎ　으로 먹을 수 있다고 해서

음식을 낭비해서는 안 된다.

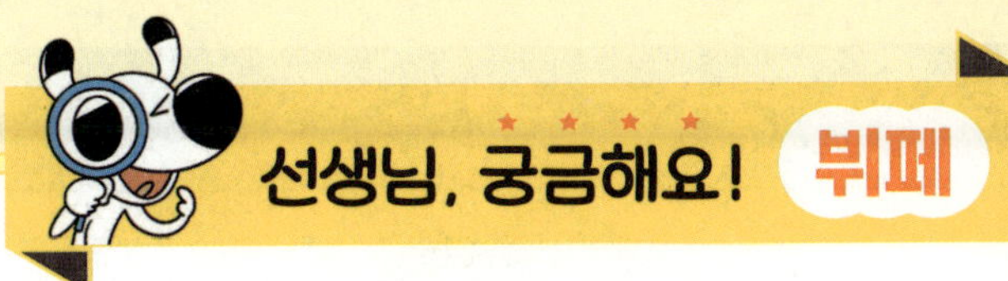

'뷔페'는 여러 가지 음식을 한곳에 차려 두어, 사람들이 먹고 싶은 것을 자유롭게 골라 먹을 수 있는 식당이에요. 뷔페에서는 요리, 디저트, 음료 등 다양한 음식을 정해진 가격에 무제한으로 먹을 수 있어요. 일일이 주문하지 않고 손님이 스스로 음식을 가져다 먹기 때문에 많은 사람들이 편리하게 이용할 수 있지요. 요즘은 빵집이나 샐러드 가게, 심지어 디저트 가게에서도 뷔페 메뉴를 내놓고 있어요.

그런데 뷔페에서는 지켜야 할 예절이 있어요. 먹을 만큼만 덜어야 하고, 남기지 않도록 양을 적절히 조절해야 해요. 음식을 욕심껏 많이 가져왔다가 남기면 음식물 쓰레기가 생기고, 가게도 손해를 보게 되거든요.

'무제한'으로 먹을 수 있다고 해서 무조건 많이 먹는 것이 좋은 건 아니에요. 많은 사람이 불편함 없이 이용할 수 있도록 필요한 만큼만 음식을 덜고, 남기지 않도록 노력해 봐요! 이런 태도가 바로 모두를 배려하는 예절이랍니다.

친구와 함께 뷔페에 갔어요. 그런데 친구가 음식을 너무 많이 가져와 남긴다면, 어떻게 말해 주는 것이 좋을까요?

젤리 훔친 6세 아이
사과 대신 적반하장 태도의 부모

얼마 전 한 편의점[1]에서 아이가 젤리를 훔치는 사건이 발생했습니다. 아이가 물건을 몰래 가져가는 모습을 본 점주는 보호자[2]에게 조심스럽게 상황을 알렸지만, 돌아온 것은 사과가 아닌 항의였습니다[3].

점주는 6세 남자아이가 젤리를 주머니에 넣는 것을 보고, 아이가 스스로 꺼내길 기다렸습니다. 하지만 아이는 끝내 계산대에 젤리를 올리지 않았고, 점주는 아이의 아버지에게 주머니 확인을 요청했습니다. 이에 아버지는 오히려 "왜 도둑 취급을 하느냐"며 강하게 항의했고, 결국 경찰까지 출동했습니다.

이 사건은 단순히 아이의 잘못된 행동뿐만 아니라, 부모의 적절하지 못한 대응도 문제임을 꼬집어 보여 줍니다. 물건을 몰래 가져가는 것은 분명히 잘못된 행동이며, 어릴 때부터 정직한 태도를 길러 주는 것이 중요합니다. 또, 가게에서 일하는 사람을 존중하는 태도가 필요합니다.

전문가들은 "아이들이 잘못을 저질렀을 때는 부드럽지만 단호하게 훈육해야 한다"며, "작은 실수라도 그때그때 알려 줘야 바른 인성을 기를 수 있다"고 조언합니다.

---

1) **편의점**: 누구나 쉽게 물건을 살 수 있도록 24시간 문을 여는 가게

2) **보호자**: 아이나 노인, 아픈 사람을 돌보는 어른

3) **항의하다**: 어떤 일에 반대하거나 불만을 말하다.

1

어휘 알기

다음 빈칸에 알맞은 말을 〈보기〉에서 골라 쓰세요.

보기 • 훔치거나 • 주인 • 손님 • 교육하다

① **점주**: 가게의 ____

② **도둑**: 남의 물건을 ____ 빼앗는 사람

교과 어휘
③ **훈육(訓育)하다**: 바른 행동을 가르치기 위해 ____ .

2

이해력

기사 내용과 일치하면 ○표, 일치하지 않으면 ✕표를 하세요.

① 아이가 점주 몰래 젤리를 가져간 일로 경찰이 출동했다.　　[　　]

② 아이는 잘못을 깨닫고 점주에게 바로 사과했다.　　[　　]

③ 전문가들은 아이의 행동을 무조건 용서해야 한다고 말했다.　　[　　]

3

이해력

다음 중 전문가들이 바람직한 부모의 태도로 조언한 것은 무엇인가요?　　(　　)

① 아이가 잘못해도 무조건 감싸는 태도

② 잘못을 저지른 아이를 부드럽지만 단호하게 훈육하는 태도

③ 아이를 꾸짖은 점주에게 항의하는 태도

4 다음 문장 속 밑줄 친 말의 뜻은 무엇인가요?   (   )

▶ 어휘력

> 일하는 사람을 <u>존중</u>하는 태도가 필요하다.

① 상대를 귀하게 여기고 예의를 지키는 것

② 남에게 자기 생각을 강요하는 것

③ 마음에 들지 않는 사람을 무시하는 것

5 기사 내용과 가장 관련 있는 속담은 무엇인가요?   (   )

▶ 문해력

① 바늘 도둑이 소 도둑 된다.

② 달면 삼키고 쓰면 뱉는다.

③ 우물 안 개구리

6 기사를 다시 한번 읽고, 글의 중심 문장을 완성하세요.

한 번 더 읽었나요?

▶ 요약력

> 아이에게 잘못된 행동을 부드럽지만 ㄷ ㅎ 하게 알려 주는 것은
> 올바른 ㅇ ㅅ 을 기르는 데 꼭 필요하다.

훈육(訓育) — 바른 행동을 가르치기 위한 교육

育

기를 육

'훈육'의 育(기를 육)은 사람이나 동식물을 잘 자라게 하거나, 바르게 이끄는 것을 뜻해요.

이 한자가 쓰인 다른 교과서 한자 어휘도 알아볼까요?

- **교육** 

사람을 바르게 가르쳐서 잘 자라게 하는 것

- **체육** 

운동을 통해 몸과 마음을 건강하게 기르는 활동

- **보육**
保 지킬 보 ／ 育 기를 육
어린아이를 안전하게 돌보며 기르는 일

 **교과서 한자 어휘에서 알맞은 것을 골라 쓰세요.**

❶ 어린이집에서는 어린 아이들을 안전하게 (   )해요.

❷ 학교에서는 다양한 (   ) 활동이 이루어져요.

❸ (   ) 시간에 운동장에서 줄넘기와 달리기를 했어요.

어릴 때부터 정직한 태도를 기르는 것이 왜 중요할까요? 어떤 경우에 정직한 태도가 필요할지도 생각해서 써 보세요.

'카공족' 논란, 함께 쓰는 공간에서 배려는 필수

카페에서 오랫동안 공부하거나 작업하는 사람들을 일컬어 '카공족'이라고 부릅니다. 카공족은 '카페'와 '공부하는 사람'이라는 말을 합친 것입니다. 그런데 카공족 가운데 일부가 공공장소[1]인 카페를 마치 자기 집처럼 사용하여 문제가 되고 있습니다.

한 카페에서는 자리를 맡아 두고 3시간 넘게 돌아오지 않은 손님이 있었습니다. 이 손님은 탁자에 칸막이까지 설치해 마치 자기 사무실처럼 만들어 놓았습니다. 이 때문에 다른 손님들은 자리가 부족해 불편을 겪었습니다.

서경덕 교수는 "카페는 모두가 함께 쓰는 공간인데, 자기 자리처럼 쓰는 것은 민폐[2]"라고 지적했습니다. 이런 모습을 본 외국인들도 "공공장소에 어떻게 자기만의 공간을 만들 수 있느냐"며 고개를 갸우뚱하는 반응을 보였습니다.

일부 카페에서는 이런 문제를 해결하기 위해 콘센트를 막거나, 1인석을 없애고, 매장 이용 시간을 제한하는 등의 방법을 쓰고 있습니다.

공공장소는 모두가 함께 편리하게 이용하는 곳이라는 사실을 기억할 필요가 있습니다.

---

1) **공공장소**: 여러 사람이 함께 사용하는 장소
2) **민폐**: 다른 사람에게 피해를 주는 행동

1

어휘 알기

다음 빈칸에 알맞은 말을 〈보기〉에서 골라 쓰세요.

보기   • 음료   • 정해진   • 자리   • 혼자서

① 카페: ________를 마시며 쉬는 용도로 사용하는 장소

교과 어휘
② 공간: 비어 있거나, 사람 또는 물건이 있을 수 있는 ________

교과 어휘
③ 제한하다: ________ 범위 안에서만 할 수 있도록 막다.

2

이해력

기사 내용과 일치하면 ○표, 일치하지 않으면 ✕표를 하세요.

① 카공족은 카페에서 공부하는 사람들을 뜻하는 말이다.　　　[　　]

② 한 손님이 자리를 맡아 두고 3시간이 지난 후에 돌아왔다.　　[　　]

③ 일부 카페에서는 매장 이용 시간을 제한하기도 한다.　　　[　　]

3

이해력

다음 중 기사에 나타난 문제 상황은 무엇인가요?　　(　　)

① 카공족이 점점 줄어드는 것

② 카공족이 자리를 오래 차지하며 다른 손님에게 불편을 주는 것

③ 카페 직원들이 음료 주문을 잘못 받는 것

4 다음 문장 속 밑줄 친 말과 뜻이 가장 가까운 것은 무엇인가요?　（　　）

어휘력

> 카페에서는 매장 이용 시간을 <u>제한</u>하는 등의 방법을 쓰고 있다.

① 막음

② 시작

③ 나눔

5 카공족을 바라보는 '외국인의 반응'으로 알맞은 것은 무엇인가요?　（　　）

문해력

① 우리나라 사람들이 아주 조용하다고 느꼈다.

② 공공장소에 자기만의 공간을 만드는 것에 놀랐다.

③ 한국의 카페 문화를 부러워했다.

한 번 더
읽었나요? ☐

6 기사를 다시 한번 읽고, 글의 중심 문장을 완성하세요.

요약력

> ㄱ ㄱ ㅈ ㅅ 인 카페는 모두가 함께 편리하게 사용하는
>
> 공간이므로, ㅂ ㄹ 하는 태도가 필요하다.

공공장소는 여러 사람이 함께 이용하는 공간이에요. 학교, 도서관, 병원, 지하철역, 공원 그리고 카페 같은 곳도 모두 공공장소에 포함되지요. 이처럼 공공장소는 나 혼자만을 위한 공간이 아니라, 여러 사람이 함께 쓰는 곳이에요.

그래서 공공장소에서는 '나만 편하면 된다'가 아니라 '모두가 함께 쓰는 곳이니까 서로 배려해야 한다'는 마음가짐이 꼭 필요해요. 예를 들어, 도서관에서 큰 소리로 떠들면 다른 사람이 공부에 집중하기 어렵고, 지하철에서 줄을 지키지 않으면 모두가 불편해져요. 나의 작은 행동 하나가 주위 사람들에게 큰 영향을 미치는 거예요.

공공장소에서 지켜야 할 예절은 어렵지 않아요. 쓰레기를 버리지 않기, 노인이나 몸이 아픈 사람에게 자리를 양보하기, 필요한 만큼만 좌석 사용하기 같은 사소한 배려가 모두를 기분 좋게 만들지요.

우리 모두 공공장소에서는 작은 행동에도 책임감을 가지고, 다른 사람을 배려하는 멋진 시민이 되어 봐요. 그렇게 할 때 공공장소는 누구에게나 즐겁고 편리한 공간이 될 거예요.

카페나 도서관처럼 여러 사람이 함께 이용하는 공간에서 지켜야 할 예절에는 어떤 것들이 있을까요?

Q1 나라를 다스리고, 국민을 위해 일하는 기관은?

예 우리나라 [ㅈ][ㅂ] 는 새로운 정책을 발표했어요.

Q2 정해진 수나 양 없이 마음껏 할 수 있는 것은?

예 데이터 [ㅁ][ㅈ][ㅎ] 요금제를 사용하면 인터넷을 마음 놓고 쓸 수 있어요.

Q3 남의 물건을 훔치거나 빼앗는 사람은?

예 지갑을 훔친 [ㄷ][ㄷ] 이 붙잡혔어요.

Q4 물건의 가격이 싼 것은?

예 이 빵은 [ㅈ][ㄹ] 해서 인기가 많아요.

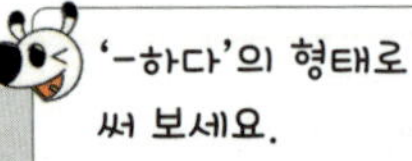

Q5 비어 있거나, 사람 또는 물건이 있을 수 있는 자리는?

예 친구랑 같은 [ㄱ][ㄱ] 에 있으니 마음이 편했어요.

Q6 바른 행동을 가르치기 위해 교육하는 것은?

예 부모님은 내가 잘못할 때마다 호되게 [ㅎ][ㅇ] 하세요.

Q7 정해진 범위 안에서만 할 수 있도록 막는 것은?

예 우리 집에서는 게임 시간을 ㅈ ㅎ 해서 1시간만 할 수 있어요.

Q8 어떤 일에 대한 자신의 생각은?

예 토의 주제에 대한 내 ㅇ ㄱ 을 말했어요.

Q9 물건을 파는 장소는?

예 ㅁ ㅈ 이 문을 여는 시간에 맞춰 도착했어요.

Q10 가게의 주인은?

예 어머니는 빵집의 ㅈ ㅈ 가 되셨어요.

Q11 음료를 마시며 쉬는 용도로 사용하는 장소는?

예 친구랑 ㅋ ㅍ 에서 대화하며 시간을 보냈어요.

Q12 시간이나 물건을 함부로 쓰는 것은?

예 뷔페에서 음식을 너무 많이 가져와 남기는 것은 ㄴ ㅂ 예요.

가로 열쇠와 세로 열쇠를 잘 읽고
빈칸에 알맞은 낱말을 써 보세요.

1/A		B				
					C	
2	D			3/E		F
			4			
5/G		H				
				6	I	
		7				

1 한 지역에 사는 사람을 나라에서 이름과 주소로 기록해 두는 것

2 재미로 남을 웃기거나 놀리는 행동 **단서** 동생이 재미있는 ⬚을 쳐서 모두가 웃었어요.

3 나라의 일을 맡아 하는 사람 **단서** 우리 삼촌은 시청에서 일하는 ⬚⬚⬚이에요.

4 하려던 일을 잘 이루는 것 **단서** 온갖 고난을 무릅쓰고 ⬚⬚을 거두었어요.

5 땅이나 건물을 팔아서 생긴 이익에 대해 내는 세금

6 불을 끄고 안전을 지켜 주는 기관 **단서** 불이 났을 때는 바로 ⬚⬚⬚에 신고해야 해요.

7 신문이나 방송에서 사실을 전하는 글

A 자동차를 세워 두는 곳 **단서** 아빠는 차를 ⬚⬚⬚에 세우셨어요.

B 학교에 가는 것

C 꼭 해야 하는 책임이나 일 **단서** 학생에게는 열심히 공부할 ⬚⬚가 있어요.

D 어떤 것이 얼마나 쉬운지 어려운지를 나타내는 정도
단서 시험 문제의 ⬚⬚⬚를 적절히 조정하는 것은 쉽지 않아요.

E 여러 사람이 함께 쓰는 곳

F 어떤 일이 일어나게 된 까닭 **단서** 사건의 ⬚⬚을 알아내는 것이 중요해요.

G 이를 닦는 일 **단서** 아침마다 ⬚⬚를 해서 이를 깨끗이 해요.

H 빨래를 하는 기계 **단서** 엄마는 더러운 옷을 ⬚⬚⬚에 넣으셨어요.

I 일정 기간 학교 수업을 쉬는 일 또는 그 기간

"말라야 예쁘다?" 초등학생 다이어트, 걱정돼요

최근 '마른 몸'을 예쁘게 여겨 무리하게 체중을 줄이려는 초등학생들이 늘고 있어 문제입니다. 한 오픈 채팅방[1]에서는 2012~2018년생 어린이 140여 명이 모여 "밥 먹고 후회했다", "더 말라야 해"와 같은 말을 나눈다는 사실이 알려져 우려가 커지고 있습니다.

한 어린이는 젤리와 라면만 먹으며 운동하는 모습을 유튜브에 올렸고, 또 다른 어린이는 겨울 방학 내내 아파트 계단을 오르며 살을 뺐다고 합니다. 체중을 줄이려는 이유로는 '친구에게 통통한 모습을 보이기 싫어서', '좋아하는 친구에게 잘 보이기 위해서'를 주로 꼽았습니다.

설문 조사 결과, 중고등학생 10명 중 4명 이상이 초등학생 때 다이어트를 해 본 적이 있다고 합니다. 이처럼 다이어트[2]를 시작하는 나이가 점점 빨라지고 있습니다.

게다가 '어린이용'처럼 보이는 다이어트 보조제가 SNS에서 쉽게 눈에 띄어, 어린이들을 위험한 선택으로 이끄는 것도 문제입니다. 일부 다이어트 보조제에는 어린이나 임산부가 먹으면 안 되는 성분[3]도 들어 있는 것으로 나타났습니다. 관련 제도 정비가 필요하다는 지적이 나오고 있습니다.

전문가들은 어린이들이 건강한 몸과 바른 인식을 가질 수 있도록 꾸준한 교육이 필요하다고 강조합니다.

---

1) **오픈 채팅방**: 진짜 이름을 공개하지 않고, 여러 사람이 함께 이야기를 나누는 인터넷 대화방

2) **다이어트**: 살을 빼기 위해 먹는 것을 줄이거나 운동하는 일

3) **성분**: 음식이나 약 등에 들어 있는 재료나 물질

1

어휘 알기

다음 빈칸에 알맞은 말을 <보기>에서 골라 쓰세요.

보기   • 가르쳐서   • 정한   • 부정   • 알아차리는

교과 어휘
❶ **제도**: 사람들이 함께 지키도록 [   ] 규칙이나 방법

교과 어휘
❷ **인식**: 무언가를 보고 듣고 생각하여 [   ] 것

교과 어휘
❸ **교육(教育)**: 사람을 바르게 [   ] 잘 자라게 하는 것

2

이해력

기사 내용과 일치하면 ○표, 일치하지 않으면 ✕표를 하세요.

❶ 어떤 어린이는 겨울 방학 동안 운동으로 살을 뺐다고 한다.   [   ]

❷ 어린이용 다이어트 보조제는 모두 안전한 성분으로   [   ]
만들어진다.

❸ 전문가들은 마른 어린이가 더 건강하다고 말했다.   [   ]

3

이해력

다음 중 초등학생들의 다이어트가 걱정되는 이유는 무엇인가요?   (   )

① 건강한 식습관을 배울 수 있기 때문에

② 다이어트 보조제가 어린이용이라서 충분히 안전하기 때문에

③ 어릴 때부터 외모에 지나치게 신경 쓰느라 건강을 해칠까 봐

4 📖 문해력

다이어트 보조제의 성분을 잘 살펴보는 것이 왜 중요할까요?   (   )

① 성분에 따라 다이어트 보조제의 가격이 달라져서

② 다이어트 보조제의 일부 성분이 특정 사람에게 해로울 수도 있어서

③ 다이어트 보조제의 성분이 맛을 결정하는 유일한 요소라서

5 📖 문해력

이 기사에서 알 수 있는 사실은 무엇인가요?   (   )

① 요즘 어린이들은 운동을 좋아한다.

② 다이어트를 하는 초등학생이 줄어들고 있다.

③ 마른 몸을 예쁘게 보는 문화가 어린이의 다이어트를 부추기고 있다.

6 🔍 요약력

기사를 다시 한번 읽고, 글의 중심 문장을 완성하세요.

초등학생들이 외모 때문에 무리하게 ㄷ ㅇ ㅇ ㅌ 하지 않고, ㄱ ㄱ ㅎ 몸과 마음을 가질 수 있도록 꾸준히 교육해야 한다.

교육(教育)

사람을 바르게 가르쳐서 잘 자라게 하는 것

教

가르칠 교

'교육'의 教(가르칠 교)는 지식이나 올바른 행동을 가르치는 것을 뜻해요.

이 한자가 쓰인 다른 교과서 한자 어휘도 알아볼까요?

- 교실  教 室
  가르칠 교 / 집 실
  선생님과 학생이 함께 공부하는 곳

- 교훈 教 訓
  가르칠 교 / 가르칠 훈
  어떤 일에서 얻는 깨달음이나 가르침

- 교과 教 科
  가르칠 교 / 과목 과
  학교에서 가르치는 과목

 교과서 한자 어휘에서 알맞은 것을 골라 쓰세요.

❶ 우리 반 (   )에는 식물과 그림이 많이 있어요.

❷ 이번 일로 서로 돕는 게 중요하다는 (   )을 얻었어요.

❸ 국어는 모든 (   )의 기초가 되는 과목이에요.

친구가 "이제 나도 다이어트할 거야. 그러니까 밥 안 먹을래."라고 한다면 뭐라고 이야기해 주는 게 좋을까요?

텍스트힙 유행,
1020세대가 '문학'에 빠졌다!

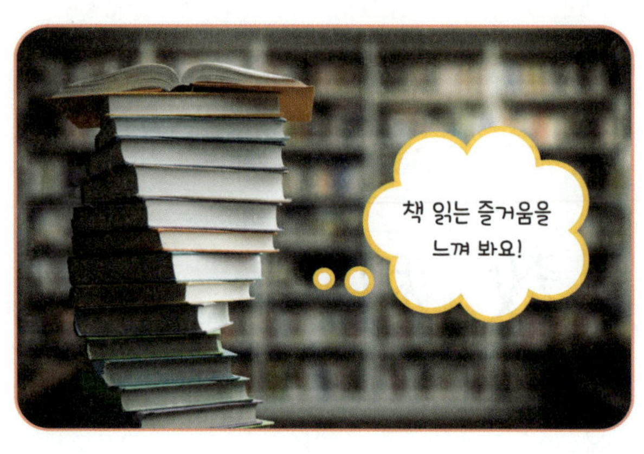

최근 10대와 20대 사이에서 문학책을 읽는 문화가 확산하고 있습니다. 2024년 한강 작가[1]의 노벨 문학상 수상 소식과 함께 '텍스트힙(텍스트+힙)'이라는 말이 유행하며, 독서를 멋진 활동으로 여기는 분위기가 만들어진 것입니다.

한 온라인 서점에 따르면, 2025년 1월 기준 1020세대[2]의 도서 구매량은 전년 대비 9% 증가했으며, 소설·시·희곡 등 문학 분야 구매량은 39%나 늘어났습니다. 《급류》, 《모순》, 《소년이 온다》, 《채식주의자》 같은 책이 베스트셀러[3]에 올랐습니다.

도서 구매뿐만 아니라 책을 읽은 뒤 SNS에 감상을 남기거나, 인상 깊은 문장을 공유하기도 합니다. 실제로 10대 이하 독자의 리뷰[4] 수는 지난해보다 3.5배 증가했습니다.

독서 모임도 활발해졌습니다. 온라인 독서 커뮤니티 '사락'에서는 6개월 만에 1,600개가 넘는 모임이 생겼고, 이 중 20%는 1020세대가 만든 것으로 나타났습니다. 자유롭게 책을 읽고 이야기를 나누는 방식이 특히 인기를 끌고 있습니다.

전문가들은 이 같은 독서 문화가 앞으로도 계속 확산할 것으로 보고 있습니다.

---

1) **한강 작가**: 《채식주의자》, 《소년이 온다》 등의 책을 쓰고 노벨 문학상을 받은 우리나라 작가

2) **1020세대**: 10대와 20대를 함께 이르는 말

3) **베스트셀러**: 사람들이 가장 많이 사는, 인기 있는 책이나 물건

4) **리뷰**: 책이나 영화 등에 대한 감상이나 의견을 쓰는 글

1

어휘 알기

다음 빈칸에 알맞은 말을 〈보기〉에서 골라 쓰세요.

보기   • 환경   • 퍼지다   • 예술   • 생활

교과 어휘
① **문학**: 소설이나 시처럼 ＿＿＿＿＿＿ 적인 글로 생각과 느낌을 표현하는 것

교과 어휘
② **문화**: 사람들이 함께 살아가며 만든 ＿＿＿＿＿ 방식

교과 어휘
③ **확산하다**: 널리 ＿＿＿＿＿.

2

이해력

기사 내용과 일치하면 ○표, 일치하지 않으면 ✕표를 하세요.

① 10대와 20대 사이에서 문학책을 읽는 문화가 퍼지고 있다.　[　　]

② 책을 읽는 사람이 거의 없고, 리뷰를 남기는 사람만 많아졌다.　[　　]

③ 독서 모임은 대부분 오프라인에서만 이루어진다.　[　　]

3

이해력

다음 중 1020세대가 책을 읽고 나서 하는 활동은 무엇인가요?　(　　)

① 책을 되팔기

② 책 내용을 그림으로 그리기

③ 책에 대한 감상을 SNS에 올리기

4

어휘력

다음 빈칸에 알맞은 말을 <보기>에서 골라 쓰세요.

보기   • 문학   • 확산하고   • 문화

① [______] 은 우리 삶과 생각을 글로 표현하는 방법이다.

② 학교에서 감기가 빠르게 [______] 있다.

③ 나라마다 독특한 [______] 를 가지고 있다.

5

문해력

기사에 다른 제목을 붙인다면, 알맞은 것은 무엇인가요?   (   )

① 문학책보다 영화를 더 좋아하는 1020세대

② 노벨 문학상 수상, 1020세대 문학 독서 열풍으로 이어지다

③ 10대와 20대, 독서 대신 SNS 열풍

한 번 더
읽었나요?

6

요약력

기사를 다시 한번 읽고, 글의 중심 문장을 완성하세요.

10대와 20대 사이에서 [ㅁ ㅎ] 책을 읽는 문화가
[ㅎ ㅅ] 하고 있다.

요즘 청소년들 사이에서는 "책을 읽는 게 멋있어!"라는 말이 자주 들려와요. 이런 흐름을 나타내는 신조어가 바로 '텍스트힙'이에요.

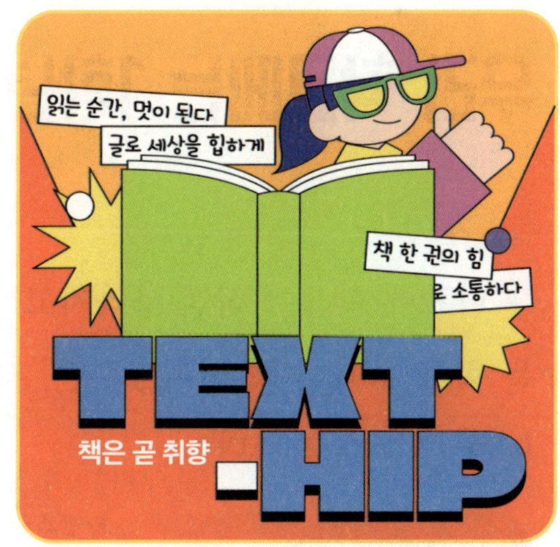

'텍스트힙'은 '텍스트(Text)'와 '힙(Hip)'을 합친 말이에요. 텍스트는 '글'이나 '책'을 뜻하고, 힙은 '멋진, 유행하는'이라는 뜻이지요. 즉, '텍스트힙'은 '책을 읽는 게 멋있는 문화'라는 뜻이에요.

요즘 10대와 20대는 책을 읽고, 마음에 드는 문장을 SNS에 올리기도 해요. 독서 모임에서 책에 관해 이야기를 나누고, 자기가 읽은 책을 짧게 리뷰하는 것도 1020세대의 새로운 취미가 되었어요. 단순히 지식이나 정보를 얻기 위해 책을 읽는 게 아니라, 자신을 표현하고 감정을 나누는 활동으로 독서를 즐기는 거예요.

지금 이 책을 읽고 있는 여러분도 '텍스트힙'의 흐름에 참여해 보세요. 책을 읽고 마음에 드는 문장을 친구와 나누거나, 가족과 책에 관해 이야기해 보는 거예요.

책을 통해 내 생각을 표현하고 다른 사람과 연결되는 멋진 경험, 지금부터 시작해 볼까요?

친구들과 독서 모임을 만든다면, 어떤 책을 함께 읽고 이야기를 나누고 싶나요?

우리 학교에는 1학년이 없어요

　　학교에 학생이 점점 사라지고 있습니다. 인천 강화군에 있는 한 초등학교도 한때는 학생 수가 수백 명이었지만, 지금은 40명만 남았습니다. 게다가 올해는 신입생[1]이 한 명도 없습니다.

　　신입생이 없는 초등학교는 해마다 늘고 있습니다. 작년에는 112곳이었지만, 올해는 184곳으로 늘었고 내년에는 200곳이 넘을 수도 있다고 합니다. 이런 문제는 서울보다 지방[2]에서 더 심각합니다.

　　이런 현상이 나타나는 이유는 사람들이 일자리를 찾아 도시로 떠나기 때문입니다. 그래서 시골에는 이제 어린이보다 할아버지, 할머니가 더 많습니다. 학생이 줄어들면 학교가 없어지고, 학교가 사라지면 주변 가게와 학원도 문을 닫게 됩니다.

　　학교가 사라지면 마을도 점점 활기를 잃어버립니다. 예전에는 학교 앞에 학원 버스가 줄을 섰고, 문구점[3]에서 학생들이 학용품을 사곤 했습니다. 하지만 요즘은 학원도, 문구점도 하나둘 사라지고 있습니다.

　　학생 수가 줄어드는 것은 단순히 학교만의 문제가 아닙니다. 사람이 점점 줄어들면 마을 전체가 사라질 수도 있습니다. 이 문제를 어떻게 해결해야 할지 깊이 고민해야 할 시점입니다.

1) **신입생**: 학교에 새로 입학하는 학생
2) **지방**: 서울이 아닌 다른 지역
3) **문구점**: 연필, 공책, 지우개 같은 학용품을 파는 가게

1

어휘 알기

다음 빈칸에 알맞은 말을 <보기>에서 골라 쓰세요.

> **보기** · 돈 · 교과 · 놀이 · 기운

교과 어휘
1 **일자리**: 사람이 일하며 〔   〕을 벌 수 있는 장소나 기회

교과 어휘
2 **학원(學院)**: 학교 밖에서 〔   〕 과목을 배우는 곳

교과 어휘
3 **활기**: 생기 있고 힘이 넘치는 〔   〕

2

이해력

기사 내용과 일치하면 ○표, 일치하지 않으면 ✕표를 하세요.

1 강화군의 한 학교에는 올해 신입생이 없었다.　　　　　　[　　　]

2 학생 수가 줄어들면서 학원과 가게가 오히려 늘어났다.　　[　　　]

3 서울보다 지방에서 학교가 사라지는 일이 더 많다.　　　　[　　　]

3

이해력

학교가 사라지면 어떤 변화가 생기나요?　（　　　）

① 학원과 문구점이 더 많아진다.

② 마을에 활기가 넘친다.

③ 주변 가게와 학원이 문을 닫는다.

4 다음 문장 속 밑줄 친 말과 뜻이 가장 가까운 것은 무엇인가요?　(　　)

어휘력

> 학교가 사라지면 마을도 점점 <u>활기</u>를 잃어버린다.

① 기운

② 연기

③ 소음

5 이 기사에서 알 수 있는 사실은 무엇인가요?　(　　)

문해력

① 신입생이 없어도 학교는 그대로 유지된다.

② 학생 수가 줄어드는 것은 학교가 없어지는 문제에 그치지 않는다.

③ 문구점은 오히려 장사가 잘된다.

한 번 더
읽었나요?

6 기사를 다시 한번 읽고, 글의 중심 문장을 완성하세요. ☐

요약력

> 학생 수가 줄어들어 학교가 사라지면 ㅁ　ㅇ 도 점점
> ㅎ　ㄱ 를 잃게 된다.

학원(學院) 학교 밖에서 교과 과목을 배우는 곳

學

배울 **학**

'학원'의 學(배울 학)은 지식이나 기술을 배우는 것을 뜻해요.

이 한자가 쓰인 다른 교과서 한자 어휘도 알아볼까요?

- 학생 學 (배울 학) 生 (날 생) 배우는 사람
- 학교 學 (배울 학) 校 (학교 교) 학생이 선생님에게 배우는 곳
- 학년 學 (배울 학) 年 (해 년) 일 년을 단위로 하는 학교의 교육 단계

교과서 한자 어휘에서 알맞은 것을 골라 쓰세요.

❶ 올해 나는 4(　　　　　)이 되었어요.

❷ 새 학기 첫날 아침, 일찍 일어나 (　　　　　)에 가요.

❸ 우리 반에 새로운 (　　　　　)이 전학을 왔어요.

사람들이 떠난 마을이 활기를 다시 찾으려면 어떤 노력이 필요할까요?

올해의 수능 만점자, 과연 그 비결은?

2025학년도 대학수학능력시험(수능[1])에서 11명의 만점자가 나왔습니다.

그중 한 명인 서울 광남고 3학년 서장협 군은 "만점이라는 말을 듣고 얼떨떨하면서[2]도 기뻤다"고 말했습니다. 서 군은 "해야 할 일을 제때 하고, 잠을 충분히 자는 것이 가장 큰 비결"이라며, 꾸준하고 건강한 생활 **습관**의 중요성을 강조했습니다.

서 군은 사교육[3]도 받았지만, 학교에서 친구들과 문제를 만들고 서로 가르치며 공부한 경험이 큰 도움이 되었다고 말했습니다. 친구들에게 질문을 많이 받아 '교수님'이라는 별명도 붙었습니다.

그동안 수능 만점을 받은 학생 중에는 병을 이겨내고 서울대 의대에 **진학한** 학생, 반 편성 고사에서 낮은 점수를 받고도 끝까지 **노력해** 만점을 받은 학생도 있었습니다. 이들의 공통점은 자신만의 방법으로 꾸준히 노력했다는 점입니다. 이들의 사례를 통해 완벽하지 않아도 괜찮고, 중요한 것은 지금 할 수 있는 일에 최선을 다하는 마음과 태도라는 것을 알 수 있습니다.

1) **수능**: 고등학교를 졸업한 뒤, 대학에 들어가기 위해 보는 시험

2) **얼떨떨하다**: 정신이 멍하고 기분이 이상하거나 어색하다.

3) **사교육**: 학교 수업 외에 학원, 과외 등을 통해 따로 받는 교육

1

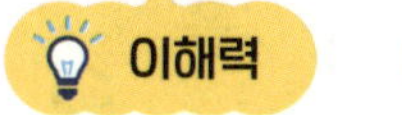

다음 빈칸에 알맞은 말을 <보기>에서 골라 쓰세요.

> **보기** ● 낮은 ● 높은 ● 애쓰다 ● 생활

교과 어휘
① **습관**: 자주 반복하여 몸에 익은 [   ] 방식

② **진학하다**: 더 [   ] 단계의 학교로 나아가서 공부하다.

교과 어휘
③ **노력하다**: 어떤 일을 잘하려고 [   ] .

2

이해력

기사 내용과 일치하면 ○표, 일치하지 않으면 ✕표를 하세요.

① 2025학년도 수능에서는 11명의 만점자가 나왔다.　　　　[　　　]

② 서장협 군은 학교 친구들과 문제를 만들며 공부했다.　　　　[　　　]

③ 수능 만점자들은 모두 같은 학원에서 공부했다.　　　　[　　　]

3

이해력

다음 중 수능 만점자들의 공통점은 무엇인가요?　　（　　　）

① 잠을 거의 자지 않고 계속 공부했다.

② 자신만의 방법으로 꾸준히 노력했다.

③ 시험 전날 벼락치기로 공부했다.

4 다음 문장 속 밑줄 친 말의 뜻은 무엇인가요?　(　)

🖊 어휘력

2025학년도 수능에서 11명의 <u>만점</u>자가 나왔다.

① 모든 문제를 다 맞혀서 꽉 찬 점수를 받는 것

② 시험을 가장 일찍 끝내는 것

③ 시험을 가장 많이 보는 것

5 '완벽하지 않아도 괜찮다'는 말과 가장 잘 어울리는 것은 무엇인가요?　(　)

📖 문해력

① 모든 것을 완벽하게 해야 좋은 결과를 얻는다.

② 지금 할 수 있는 일에 최선을 다하는 게 중요하다.

③ 노력하지 않아도 좋은 결과는 저절로 따라온다.

한 번 더
읽었나요?

6 기사를 다시 한번 읽고, 글의 중심 문장을 완성하세요.

🔍 요약력

수능 만점자의 사례에서 보듯, 지금 할 수 있는 일에 ㅊ ㅅ 을 다하는 마음과 ㅌ ㄷ 가 중요하다.

대학수학능력시험, 줄여서 '수능'은 말 그대로 대학에서 공부할 만한 능력이 있는지 알아보는 시험이에요. 대학에 입학하기 위해 치러야 하는 아주 중요한 시험이지요.

수능은 1년에 한 번, 11월에 전국에서 동시에 치러져요. 국어, 수학, 영어, 사회, 과학 등 여러 과목을 정해진 시간에 풀고, 그 점수로 가고자 하는 대학에 지원할 수 있어요. 그래서 많은 학생들이 수능을 목표로 몇 년 동안 열심히 공부해요.

수능은 시험 시간이 길고 문항 수도 많아서 체력과 집중력이 매우 중요해요. 그러다 보니 시험 당일에는 교통을 통제하거나 비행기 이착륙 제한까지 있을 만큼, 우리 사회 전체가 수험생을 응원하고 도와주는 분위기예요.

그런데 오직 수능으로만 대학에 갈 수 있는 건 아니에요. 학생부 종합 전형, 특기자 전형 등 대학에 갈 수 있는 길이 다양하게 열려 있어요. 또, 고등학교 졸업 후 다시 수능을 준비하는 사람도 많아요.

수능은 대학에 입학하는 방법 중 하나일 뿐이에요. 대학에 입학하고자 하는 꿈이 있다면, 각자에게 맞는 방법으로 꿈을 향해 꾸준히 나아가면 된답니다!

공부할 때 집중이 가장 잘되는 나만의 방법이 있다면 무엇인가요?

Q1 무언가를 보고 듣고 생각하여 알아차리는 것은?

예 환경 보호에 대한 ㅇ ㅅ 이 점점 높아지고 있어요.

Q2 자주 반복하여 몸에 익은 생활 방식은?

예 아침에 일어나서 이를 닦는 건 좋은 ㅅ ㄱ 이에요.

Q3 사람들이 함께 지키도록 정한 규칙이나 방법은?

예 쓰레기 분리수거 ㅈ ㄷ 는 누구나 지켜야 해요.

Q4 어떤 일을 잘하려고 애쓰는 것은?

예 나는 성적을 올리기 위해 열심히 공부하며 ㄴ ㄹ 했어요.

Q5 소설이나 시처럼 예술적인 글로 생각과 느낌을 표현하는 것은?

예 ㅁ ㅎ 작품을 읽으면 상상력이 쑥쑥 자라요.

Q6 사람들이 함께 살아가며 만든 생활 방식은?

예 나라마다 다른 ㅁ ㅎ 를 서로 존중해야 해요.

Q7 널리 퍼지는 것은?

예 코로나19가 다시 ㅎ ㅅ 해서 걱정이에요.

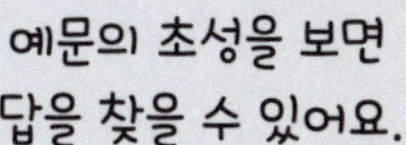

Q8 학교 밖에서 교과 과목을 배우는 곳은?

예 수학을 더 잘하고 싶어서 ㅎ ㅇ 에 다니기로 했어요.

Q9 생기 있고 힘이 넘치는 기운은?

예 운동장을 뛰어다니는 아이들 덕분에, 학교에 ㅎ ㄱ 가 넘쳤어요.

Q10 사람이 일하며 돈을 벌 수 있는 장소나 기회는?

예 이모는 ㅇ ㅈ ㄹ 를 찾아 새로운 회사에 지원했어요.

Q11 더 높은 단계의 학교로 나아가서 공부하는 것은?

예 언니는 이번 달에 중학교로 ㅈ ㅎ 했어요.

Q12 사람을 바르게 가르쳐서 잘 자라게 하는 것은?

예 학교에서는 다양한 ㄱ ㅇ 활동이 이루어져요.

전국 초중고등학교에 등장한 AI 디지털 교과서, 기대보다 걱정이 커

올해 1학기부터 일부 학교에서 'AI 디지털 교과서[1]'라는 새로운 교과서를 **도입**하기로 했지만, 준비가 늦어져 많은 학교가 사용을 포기했습니다.

원래 교육부[2]에서는 전국 초중고등학교의 30~50% 정도가 AI 디지털 교과서를 사용할 것으로 기대했지만, 실제로 채택한 비율은 32.3%에 그쳤습니다. 특히 경남, 전남, 세종 등 몇몇 지역은 10%에도 미치지 못했습니다.

그 가장 큰 원인은 준비 기간이 부족했다는 점입니다. 교과서 구독료[3] 협상과 **시범** 운영 시기가 늦어져, 학교들이 새 학기 준비와 함께 AI 디지털 교과서까지 도입하기에는 부담이 컸다는 지적입니다. 어떤 학교는 "**절차**가 너무 복잡해서 포기했다"고 했고, 도입한 학교에서도 "교사도 아직 잘 몰라 걱정된다"는 반응을 보였습니다. 대구 지역에서는 대부분의 학교가 AI 디지털 교과서를 쓰기로 했지만, 교육청이 강제로 도입하게 한 것이 아니냐는 논란도 있었습니다.

학교 관계자들에 따르면 AI 디지털 교과서가 새로운 시도인 것은 분명하지만, 이를 잘 활용하기 위해서는 충분한 준비 기간이 주어져야 한다고 합니다. 이와 함께 교사들의 이해와 지원이 더 필요하다는 목소리도 나오고 있습니다.

---

1) **AI 디지털 교과서**: 인공지능(AI) 기술을 활용해 만든 새로운 형태의 교과서

2) **교육부**: 우리나라 교육 정책과 학교 운영을 책임지는 기관

3) **구독료**: 책이나 서비스 등을 일정 기간 사용하는 데 내는 돈

1

어휘 알기

다음 빈칸에 알맞은 말을 〈보기〉에서 골라 쓰세요.

보기   • 순서   • 처음   • 시험   • 나중에

교과 어휘
1 **도입(導入)**: 새로운 것을 [   ]으로 들여오는 것

교과 어휘
2 **시범**: 정식으로 하기 전에 [   ] 삼아 해 보는 것

교과 어휘
3 **절차**: 어떤 일을 할 때 따라야 하는 [   ]

2

이해력

기사 내용과 일치하면 ○표, 일치하지 않으면 ✕표를 하세요.

1 일부 학교에서는 올해 1학기부터 AI 디지털 교과서를 도입하기로 했다.   [   ]

2 모든 학교가 AI 디지털 교과서를 자유롭게 선택했다.   [   ]

3 AI 디지털 교과서를 도입한 학교는 모두 긍정적인 반응을 보였다.   [   ]

3

이해력

다음 중 기사 내용과 가장 잘 맞는 문장은 무엇인가요?   (   )

① AI 디지털 교과서는 교사들이 만들고 판매하는 책이다.

② AI 디지털 교과서를 잘 활용하려면 충분한 준비와 이해가 필요하다.

③ 이미 모든 학교에서 AI 디지털 교과서를 잘 사용하고 있다.

4

다음 문장 속 밑줄 친 말과 뜻이 가장 가까운 것은 무엇인가요?　(　　)

일부 학교에서는 새로운 교과서를 <u>도입</u>하기로 했다.

① 종료

② 반복

③ 적용

5

'절차가 너무 복잡해서 포기했다'는 말에 나타난 학교의 입장은 무엇인가요? (　　)

① 새로운 교과서를 도입할 일이 기대되었다.

② 순서나 준비 과정이 어렵고 부담스러웠다.

③ 절차가 쉬워서 누구나 할 수 있다고 느꼈다.

6

기사를 다시 한번 읽고, 글의 중심 문장을 완성하세요.

AI 디지털 교과서를 도입하려면, 충분한　ㅈ　ㅂ　기간과

ㄱ　ㅅ　들의 이해가 필요하다.

도입(導入)

새로운 것을 처음으로 들여오는 것

入

들 입

'도입'의 入(들 입)은 안으로 들인다는 뜻이에요.

이 한자가 쓰인 다른 교과서 한자 어휘도 알아볼까요?

입장 
入 들 입 · 場 마당 장

어떤 곳의 안으로 들어가는 것

입학 
入 들 입 · 學 배울 학

지식이나 기술을 배우기 위해 학교에 들어가는 것

수입
收 거둘 수 · 入 들 입

돈이나 물건이 들어오는 것

교과서 한자 어휘에서 알맞은 것을 골라 쓰세요.

❶ 막냇동생이 우리 학교에 ( )했어요.

❷ 공연이 시작된 후에는 공연장에 ( )할 수 없어요.

❸ 올해 들어서 이번 달에 ( )이 가장 많았어요.

만약 학교에서 AI 디지털 교과서를 쓰게 된다면, 어떤 점이 좋고 어떤 점이 나쁠까요?

"강아지 똥 안 치워서 죄송해요", 공감 불러온 아이와 부모의 사과문

한 아파트에서 반려견[1])의 배설물을 치우지 않은 일과 관련해, 아이와 부모가 함께 쓴 사과문[2)]이 **화제**를 모았습니다.

한 아이가 강아지를 산책시키고 돌아오는 길에 강아지가 엘리베이터 앞에서 싼 배설물을 치우지 않았습니다. 그 사실을 안 부모는 엘리베이터 안에 사과문을 **게시했습니다**.

사과문에는 "공동생활에서 예의를 지키지 못한 것은 부모의 책임"이라며, 아이를 훈육했고, 아이가 직접 사과문도 썼다고 전했습니다. 또, 강아지를 무서워하는 이웃을 위해 엘리베이터 안에서는 강아지를 품에 안도록 지도했다고 밝혔으며, 사람이 우선이라는 점도 강조했습니다.

아이도 "잘못을 반성하고 앞으로는 배설물을 꼭 치우겠다"고 다짐했습니다. 이를 본 사람들은 "올바른 대처였다", "진심이 느껴진다"며 긍정적인 반응을 보였습니다.

한편, 공공장소에서 반려동물의 배설물을 치우지 않으면 나라에서 50만 원 이하의 과태료[3)]를 **부과하니** 주의해야 합니다.

---

1) **반려견**: 사람과 함께 살아가는 개
2) **사과문**: 잘못한 일을 알리고 미안하다는 뜻을 전하는 글
3) **과태료**: 법이나 규칙을 어긴 사람에게 벌로 물게 하는 돈

1

어휘 알기

다음 빈칸에 알맞은 말을 <보기>에서 골라 쓰세요.

보기   • 생각   • 주제   • 벌금   • 알리다

① **화제**: 사람들이 많이 이야기하는 ________ 나 내용

② **게시하다**: 어떤 내용을 여러 사람이 보도록 ________ .

교과 어휘
③ **부과하다**: 세금이나 ________ 같은 돈을 내게 하다.

2

이해력

기사 내용과 일치하면 ○표, 일치하지 않으면 ✕표를 하세요.

① 아이가 공공장소에서 강아지의 배설물을 치우지 않아 부모가   [   ]
사과문을 게시했다.

② 부모는 강아지를 다시는 키우지 않겠다고 했다.   [   ]

③ 부모와 아이는 강아지를 좋아하는 주민에게만 사과문을 썼다.   [   ]

3

이해력

아이의 부모는 강아지를 무서워하는 이웃을 위해 어떻게 했나요?   (   )

① 아이가 강아지를 밖에서만 키우도록 했다.

② 아이가 엘리베이터 안에서는 강아지를 품에 안도록 했다.

③ 강아지를 아파트에서 키우지 않기로 했다.

4

어휘력

다음 빈칸에 알맞은 말을 <보기>에서 골라 쓰세요.

> **보기**　　　● 화제　　● 게시했다　　● 부과한다

① 요즘 인기 있는 노래가 학교에서도 　　　　　이다.

② 교통 규칙을 어기면 경찰이 벌금을 　　　　　.

③ 모두가 볼 수 있도록 안전 수칙을 복도에 　　　　　.

5

문해력

아이의 부모가 아이와 함께 사과문을 쓴 목적은 무엇일까요?　　（　　）

① 이웃에게 사과하고 아이를 훈육하기 위해

② 강아지를 혼내기 위해

③ 규칙을 피하기 위해

한 번 더
읽었나요?

6

요약력

기사를 다시 한번 읽고, 글의 중심 문장을 완성하세요.

> 공동생활에서 　ㅇ　　ㅇ　를 지키지 못한 가족이 사과문을
>
> 　ㄱ　　ㅅ　했다.

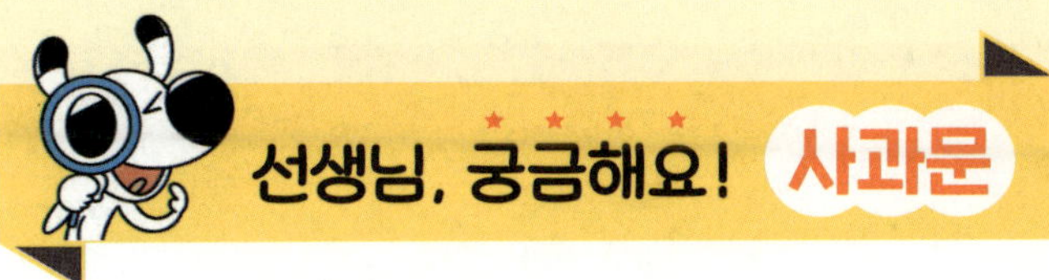

사과문은 자신이 잘못한 사실을 다른 사람들에게 알리고, 그에 대해 진심으로 미안하다는 뜻을 전하는 글이에요.

이 기사에서는 강아지의 배설물을 치우지 않은 아이의 실수에 대해 부모와 아이가 사과문을 써서, 이웃이 볼 수 있도록 엘리베이터 안에 게시했어요. 그리고 아이 스스로 반성하며 함께 사과문을 썼지요.

사과문에는 단순히 "미안합니다"라는 말에 그치지 않고, 왜 그런 일이 생겼는지 설명하고 다시는 반복하지 않겠다는 다짐까지 담아야 해요. 진심 어린 사과문은 사람들의 신뢰와 용서를 이끌어낼 수 있답니다.

여러분도 누군가에게 미안한 말이나 행동을 했다면, 말로만 사과하지 말고 편지나 글을 써 보는 건 어떨까요?

어떤 사람이 놀이터에서 자기 강아지가 싼 똥을 치우지 않고 그냥 가려고 해요. 이럴 때는 어떻게 행동해야 할까요?

'7세 고시', 이대로 괜찮을까?

요즘 유명한 영어 학원에 들어가기 위해 6세 어린이들이 시험과 면접[1]을 준비하는 이른바 '7세 고시[2]'가 화제가 되고 있습니다. 정부의 조사에 따르면, 실제로 6세 미만 어린이의 절반 가까이가 사교육[3]을 받고 있으며, 한 달 평균 약 33만 원 정도의 사교육비가 드는 것으로 나타났습니다.

이런 현상을 우려하는 의견이 많습니다. 어릴 때부터 영어 시험을 준비하고 영어 문장을 외우는 것이 어린이의 정서 발달에 좋지 않다는 것입니다. 한 단체는 7세 고시가 "정서적인 학대"라며 국가에 진정을 제기하기도 했습니다. 어린이는 그 나이에 맞게 놀고 쉬며 자라야 하는데, 시험 준비로 공부만 하다 보면 몸과 마음의 건강이 나빠질 수 있기 때문입니다.

전문가들은 이 시기에는 감정을 배우고 마음을 성장시키는 것이 더 중요하다고 말합니다. 이들은 너무 이른 시기에 공부의 압박을 받으면 어린이의 자존감이 낮아지고, 이것이 불안이나 우울 같은 문제로 이어질 수 있다고 경고합니다.

1) **면접**: 사람이 직접 만나서 질문하고 대답하며 서로 알아보는 것
2) **7세 고시**: 6세 어린이들이 7세에 유명한 학원에 들어가기 위해 치르는 시험
3) **사교육**: 학교 교육(공교육) 이외에 따로 받는 교육(예: 학원)

1

다음 빈칸에 알맞은 말을 〈보기〉에서 골라 쓰세요.

> **보기**　　　•마음　•글　•그림　•스스로

교과 어휘
① **문장**: 생각이나 느낌을 　　　　　로 표현할 때 완결된 내용의 최소 단위

교과 어휘
② **감정(感情)**: 어떤 현상이나 일에 대해 일어나는 　　　　　이나 느낌

③ **자존감**: 　　　　　를 소중하게 여기며 가치 있다고 믿는 마음

2

기사 내용과 일치하면 ○표, 일치하지 않으면 ×표를 하세요.

① '7세 고시'는 유명한 학원에 입학하기 위한 시험이다. 　　[　　]

② 어린이의 감정을 고려한 시험 방식이 확대되고 있다. 　　[　　]

③ 전문가들은 조기 사교육이 뇌 발달에 좋다고 말했다. 　　[　　]

3

다음 중 '7세 고시'의 문제는 무엇인가요?　（　　）

① 어린이들이 책을 싫어하게 된다.

② 어릴 때부터 학습과 경쟁을 지나치게 강요한다.

③ 한 달 평균 사교육비가 100만 원 이상 든다.

4 다음 빈칸에 알맞은 말을 〈보기〉에서 골라 쓰세요.

어휘력

보기   • 문장   • 감정   • 자존감

❶ 자신을 믿고 노력하면   이 높아진다.

❷ 화가 날 때는   을 차분히 다스려야 한다.

❸ 선생님은   의 끝에 마침표를 꼭 찍으라고 하셨다.

5 지나친 조기 사교육은 어린이에게 어떤 영향을 미치나요?   (　　)

문해력

① 어른보다 더 잘 이해하게 된다.

② 언어 능력이 빨리 자란다.

③ 정서 발달에 해를 끼칠 수 있다.

6 기사를 다시 한번 읽고, 글의 중심 문장을 완성하세요.

한 번 더 읽었나요?

요약력

지나친 조기 ㅅ ㄱ ㅇ 은 어린이의 ㅈ ㅈ ㄱ 과 감정을 해칠 수 있어 바람직하지 않다.

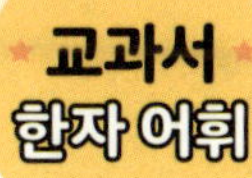

감정(感情)
어떤 현상이나 일에 대해 일어나는 마음이나 느낌

感

느낄 감

'감정'의 感(느낄 감)은 마음으로 어떤 기분이나 느낌을 느끼는 것을 뜻해요.

이 한자가 쓰인 다른 교과서 한자 어휘도 알아볼까요?

- 감사
  感 느낄 감 / 謝 사례할 사
  고마운 마음을 느끼는 것

- 감동
  感 느낄 감 / 動 움직일 동
  마음이 크게 움직일 정도로 느끼는 것

- 공감
  共 함께 공 / 感 느낄 감
  다른 사람의 마음을 이해하고 비슷하게 느끼는 것

교과서 한자 어휘에서 알맞은 것을 골라 쓰세요.

❶ 열심히 가르쳐 주신 선생님께 (　　　　　)한 마음이 들었어요.

❷ 그 이야기는 정말 (　　　　　)적이었어요.

❸ 친구의 이야기를 듣고 나도 깊이 (　　　　　)했어요.

시험공부하느라 놀 시간이 없다면 어떤 점이 힘들 것 같나요? 놀이가 왜 필요하다고 생각하나요?

소방관에게 전한 특별한 선물

세종시에 사는 한 고등학생이 소방관[1]들에게 따뜻한 마음을 전했습니다. 이 학생은 최근 정부에서 **발급한** 소비 쿠폰[2]으로 커피 수십 잔을 주문해 세종 북부 소방서에 직접 전달했습니다. 커피가 담긴 상자를 옮기며 학생은 소방관들에게 고개를 숙여 인사했습니다. 그 모습을 본 소방관들은 깜짝 놀라는 동시에 큰 감동을 받았습니다.

학생이 이렇게 한 데는 이유가 있었습니다. 지난겨울 부모님이 장사하는 전통 시장에서 큰불이 났을 때, 소방관들이 열심히 불을 끄는 모습을 보고 감동받았기 때문입니다. 학생은 "그때 받은 도움에 꼭 보답하고 싶었다"며 "소비 쿠폰을 좋은 일에 쓸 수 있어 기쁘다"고 말했습니다. 소방서장은 "학생의 따뜻한 응원이 큰 힘이 됐다"며 감사 인사를 전했습니다.

다른 지역에서도 이런 사례를 찾을 수 있었습니다. 강원도 춘천의 한 시민이 소비 쿠폰으로 커피 100잔을 사서 소방관들과 경찰관들에게 전한 사례였습니다.

이처럼 작은 **정성**이지만 소방관과 경찰관들을 향한 감사와 나누는 마음은 사람들에게 큰 감동을 줍니다. 이런 사례를 통해 우리는 주위에 나눔과 감사의 마음이 **여전히** 살아 숨 쉬고 있음을 알 수 있습니다.

1) **소방관**: 불을 끄고 사람들을 구하는 일을 하는 사람
2) **소비 쿠폰**: 가게에서 쓸 수 있는 돈이나 카드 형태로 나라에서 국민들에게 나눠 주는 쿠폰

1

어휘 알기

다음 빈칸에 알맞은 말을 <보기>에서 골라 쓰세요.

보기 • 마음 • 같이 • 다르다 • 만들어서

교과 어휘
① **발급하다**: 필요한 서류나 카드 등을 ⬜ 주다.

교과 어휘
② **정성**: 온갖 힘을 다하려는 참된 ⬜

③ **여전히**: 예전과 ⬜

2

이해력

기사 내용과 일치하면 〇표, 일치하지 않으면 ✕표를 하세요.

① 학생은 소방관이 꿈이라서 소방서를 찾아갔다. [　　]

② 학생은 소비 쿠폰으로 산 커피를 소방관들에게 전달했다. [　　]

③ 춘천에서도 소비 쿠폰으로 커피를 기부한 사례가 있었다. [　　]

3

이해력

다음 중 학생이 소방관들에게 커피를 선물한 이유는 무엇인가요? （　　）

① 카페에서 할인 행사를 했기 때문에

② 전통 시장 화재 때 받은 도움에 보답하고 싶어서

③ 부모님이 소방관들과 친해서

4 다음 중 '정성'을 느낄 수 있는 행동은 무엇인가요?　（　　）

어휘력

① 선물을 포장도 하지 않고 바로 준다.

② 손 글씨로 쓴 편지를 건넨다.

③ 보이는 곳만 대충 청소한다.

5 기사 속 학생의 행동과 어울리는 표현은 무엇인가요?　（　　）

문해력

① 마음이 따뜻하다.

② 손을 보다.

③ 입이 무겁다.

> 한 번 더
> 읽었나요? ☐

6 기사를 다시 한번 읽고, 글의 중심 문장을 완성하세요.

요약력

> 작은 나눔과 ㄱ ㅅ 의 마음이 ㅅ ㅂ ㄱ 들에게 큰 힘과
>
> 감동을 주었다.

불이 나면 누가 가장 먼저 떠오르나요? 맞아요, 바로 '소방관'이에요. 소방관들이 일하는 곳이 바로 소방서랍니다.

소방서는 불이 났을 때 불을 끄고, 사람들을 안전하게 구하는 아주 중요한 일을 해요. 그 일만 하는 건 아니에요. 평소에도 화재를 예방하는 활동을 꾸준히 한답니다. 예를 들어, 건물에 불이 나지

않도록 점검하거나 화재 대피 훈련을 실시하기도 해요. 학교에서 소방 훈련을 할 때도 소방서에서 도와주지요. 소방서에서 일하는 119 응급 구조대는 응급 환자를 병원에 신속히 옮기는 일도 한답니다!

불이 나면 독한 연기가 피어올라 위험하기 때문에, 소방관들은 무거운 장비를 갖추고 불 속으로 직접 들어가 사람을 구해요. 그런 만큼 소방관은 강한 체력과 용기, 책임감이 필요한 직업이에요.

화재는 언제, 어디서든 일어날 수 있어요. 소방관이 도착하기 전까지 스스로를 지킬 수 있도록 평소에 화재를 예방하기 위한 준비를 철저히 하는 것이 중요해요.

소방서와 소방관들의 노력을 기억하고, 우리도 화재 예방에 함께 힘써요!

만약 내가 받은 쿠폰이나 용돈을 누군가를 위해 쓴다면, 누구에게 어떤 선물을 하고 싶은가요?

Q1 어떤 내용을 여러 사람이 보도록 알리는 것은?

예 선생님은 급식 변경 안내문을 학교 홈페이지에 ㄱ ㅅ 했어요.

'-하다'의 형태로 써 보세요.

Q2 어떤 현상이나 일에 대해 일어나는 마음이나 느낌은?

예 친구의 말에 상처받아서 ㄱ ㅈ 을 숨기지 못했어요.

Q3 세금이나 벌금 같은 돈을 내게 하는 것은?

예 쓰레기를 함부로 버리면 나라에서 벌금을 ㅂ ㄱ 해요.

'-하다'의 형태로 써 보세요.

Q4 어떤 일을 할 때 따라야 하는 순서는?

예 모든 일에는 ㅈ ㅊ 가 있어요.

Q5 사람들이 많이 이야기하는 주제나 내용은?

예 유명한 연예인의 결혼 발표가 하루 종일 ㅎ ㅈ 가 되었어요.

Q6 생각이나 느낌을 글로 표현할 때 완결된 내용의 최소 단위는?

예 이 ㅁ ㅈ 은 뜻이 명확해요.

Q7 정식으로 시작하기 전에 시험 삼아 해 보는 것은?

예 일단 몇 반을 대상으로 새로운 수업 방식을 ㅅ ㅂ 운영하기로 했어요.

Q8 필요한 서류나 카드 등을 만들어서 주는 것은?

예 주민등록증은 주민센터에서 ㅂ ㄱ 해 주어요.

Q9 '예전과 같이'를 뜻하는 말은?

예 비가 그쳤지만, 바람은 ㅇ ㅈ ㅎ 거세게 불었어요.

Q10 새로운 것을 처음으로 들여오는 것은?

예 학교에서 태블릿을 활용하는 수업을 ㄷ ㅇ 했어요.

Q11 스스로를 소중하게 여기며 가치 있다고 믿는 마음은?

예 나는 ㅈ ㅈ ㄱ 이 높은 편이에요.

Q12 온갖 힘을 다하려는 참된 마음은?

예 엄마의 생일 케이크를 직접 ㅈ ㅅ 껏 만들었어요.

"죄송합니다. 운동회 좀 할게요!", 사과부터 한 초등학생들에 씁쓸

한 초등학교에서 운동회를 시작하기 전 학생들이 "죄송합니다. 오늘 저희 조금만 놀게요!"라고 외쳐서 화제가 됐습니다. 학교가 아파트 단지 옆에 있다 보니, 주민들이 운동회 소리에 놀랄까 봐 미리 양해[1]를 구한 것입니다.

학교에서는 노래를 틀지 않고 마이크 소리도 줄이는 등 운동회를 조용하게 진행했습니다. 민원을 걱정하여 미리 사과를 하게 한 것으로 보입니다.

이 영상을 본 누리꾼들은 "아이들이 운동회를 하면서 사과해야 한다니, 안타깝다", "운동회를 하는 정도는 이해해 줬으면 좋겠다"며 씁쓸하다는 반응을 보였습니다. 또 "초등학교 옆 아파트는 집값에 좋다면서, 학교에서 나는 소리를 소음으로 여겨 싫다고 하면 이상하지 않느냐"는 의견도 나왔습니다.

아이를 키우는 일이 죄처럼 느껴지는 현실이 안타깝다는 의견에 많은 사람들이 공감했고, 아이들이 눈치를 보며 뛰어놀아야 하는 세태[2]를 우려하는[3] 목소리도 나왔습니다.

---

1) **양해**: 남의 사정을 헤아려 너그럽게 받아들이는 것

2) **세태**: 사람들의 생활에서 나타나는 세상의 상태나 형편

3) **우려하다**: 근심하거나 걱정하다.

1

어휘 알기

다음 빈칸에 알맞은 말을 〈보기〉에서 골라 쓰세요.

> **보기**
> • 정답   • 잘못한   • 소리   • 지금

교과 어휘
① 사과: ＿＿＿＿＿ 것을 인정하고 미안하다고 하는 것

② 소음: 듣기에 거슬릴 정도로 시끄러운 ＿＿＿＿＿

교과 어휘
③ 현실(現實): ＿＿＿＿＿ 실제로 존재하는 사실이나 상태

2

이해력

기사 내용과 일치하면 ○표, 일치하지 않으면 ✕표를 하세요.

① 학생들은 "죄송합니다"라고 사과하고 운동회를 시작했다.　　[　　]

② 학교에서는 더 신나게 놀기 위해 음악을 크게 틀었다.　　[　　]

③ 학생 수가 많아 운동회가 무척 시끄러웠다.　　[　　]

3

이해력

다음 중 운동회를 시작하기 전에 학생들이 한 행동은 무엇인가요?　（　　）

① 이웃 주민들에게 미리 양해를 구했다.

② 학교 근처에서 조용히 운동회 연습을 했다.

③ 운동회를 학교 밖에서 진행했다.

4

📝 어휘력

다음 중 소음이 <u>아닌</u> 것은 무엇인가요?　(　　)

① 자동차 경적이 계속 울리는 소리

② 친구들이 떠들며 지르는 고함 소리

③ 음악 시간에 연주하는 피아노 소리

5

📖 문해력

기사 속 운동회와 관련 있는 내용은 무엇인가요?　(　　)

① 아이들은 운동회를 하며 마음껏 떠들었다.

② 운동회에서 아이들은 눈치를 보며 뛰어놀았다.

③ 학교 근처 아파트는 인기가 없다.

한 번 더
읽었나요?

6

🔍 요약력

기사를 다시 한번 읽고, 글의 중심 문장을 완성하세요.

> 운동회처럼 즐거운 자리에서도 미리 ［ㅅ］［ㄱ］ 부터
>
> 해야 하는 요즘 ［ㅎ］［ㅅ］ 이 안타깝다.

현실(現實) | 지금 실제로 일어나고 있는 사실이나 상태

現

나타날 현

'현실'의 現(나타날 현)은 실제로 눈 앞에 드러나 보이는 것을 뜻해요.

이 한자가 쓰인 다른 교과서 한자 어휘도 알아볼까요?

- **현재**  지금의 시간
  - 現 나타날 현 / 在 있을 재

- **현장** 現 場 실제로 일이 일어나는 장소
  - 現 나타날 현 / 場 마당 장

- **현황** 現 況 지금의 상황이나 형편
  - 現 나타날 현 / 況 상황 황

 **교과서 한자 어휘에서 알맞은 것을 골라 쓰세요.**

❶ 소방관들이 사고 (   )으로 급히 출동했어요.

❷ 이 연구는 (   )보다 미래에 더 초점을 맞추고 있어요.

❸ 조사팀은 지역의 교육 (   )을 살펴보았어요.

운동회를 하는 날, 미리 사과부터 해야 하는 상황을 어떻게 생각하나요?

청소년의 스마트폰 사용에 빨간불이 켜졌다!

청소년 5명 중 1명이 스마트폰이나 인터넷을 지나치게 많이 사용하는 것으로 나타났습니다. 여성가족부[1]가 초·중·고등학생 123만 명을 대상으로 조사한 결과, 21만 명이 넘는 학생이 '온라인 과의존 위험군[2]'으로 분류되었습니다. 이 가운데는 전문가의 도움이 필요할 만큼 심각한 경우도 있었습니다.

짧고 **자극**적인 '숏폼[3] 영상'은 스마트폰 중독 위험을 높이는 원인 중 하나로 꼽힙니다. 짧은 영상만 계속 보다 보면 **주의력**이 떨어지기 쉽기 때문입니다. 전문가들은 청소년이 어른보다 이런 콘텐츠[4]에 더 쉽게 빠질 수 있다고 경고합니다. 중학생이 중독 위험군에서 가장 큰 비중을 차지했고, 남학생이 여학생보다 더 많았습니다.

스마트폰을 많이 사용할 경우 수면이나 공부, 친구 관계에도 영향을 줄 수 있기 때문에 건강한 사용 습관을 기르는 것이 중요합니다. 인터넷이나 스마트폰은 잘 사용하면 도움이 되지만, 제대로 **조절하지** 못하면 해가 될 수 있다는 점을 꼭 기억해야 합니다.

---

1) 여성가족부: 여성과 가족, 청소년을 위한 정책을 만드는 정부 기관, 2025년 10월 성평등가족부로 개편됨.

2) 온라인 과의존 위험군: 온라인에 지나치게 의존하여 문제가 생길 위험이 있는 사람들

3) 숏폼: 1분 안팎의 짧은 영상 콘텐츠

4) 콘텐츠: 책, 동영상, 노래, 게임처럼 사람들이 즐길 수 있는 것들

1

어휘 알기

다음 빈칸에 알맞은 말을 <보기>에서 골라 쓰세요.

> **보기**
> • 집중하는　• 잠　• 알맞게　• 흥분

교과 어휘
① **자극**: 마음이나 몸에 [   ]이나 반응을 일으키는 일

교과 어휘
② **주의력**: 어떤 일에 [   ] 힘

③ **조절하다**: 상황에 따라 [   ] 맞추다.

2

이해력

기사 내용과 일치하면 ○표, 일치하지 않으면 ✕표를 하세요.

① 청소년 5명 중 1명이 인터넷이나 스마트폰을 너무 많이　　　[　]
사용한다.

② 숏폼보다 재생 시간이 긴 영상의 중독성이 더 강하다.　　　[　]

③ 여학생보다 남학생의 스마트폰 중독 위험이 더 높았다.　　　[　]

3

이해력

다음 중 온라인 과의존 위험을 높이는 요인은 무엇인가요?　(　　)

① 긴 영상이 많아져서 오래 집중해야 하는 것

② 숏폼 영상처럼 짧고 자극적인 영상만 계속 보는 것

③ 컴퓨터보다 스마트폰을 더 자주 쓰는 것

4

어휘력

다음 빈칸에 알맞은 말을 〈보기〉에서 골라 쓰세요.

보기   • 자극   • 주의력   • 조절했다

1. 퍼즐을 맞추는 활동은 ______ 을 높이는 데 도움이 된다.

2. 조명을 어두운 분위기에 맞게 ______ .

3. 음악은 우리의 귀에 좋은 ______ 이 된다.

5

문해력

이 기사에서 전문가들은 숏폼 영상을 어떻게 생각하나요?   (   )

① 청소년의 관심을 끌기 때문에 긍정적이다.

② 청소년의 집중력이 떨어지기 쉬워 걱정스럽다.

③ 공부 시간에 숏폼 영상을 활용하는 것이 바람직하다.

6

요약력

한 번 더
읽었나요? ☐

기사를 다시 한번 읽고, 글의 중심 문장을 완성하세요.

자극적인 [ㅅ][ㅍ] 영상이 청소년의 온라인 [ㄱ][ㅇ][ㅈ] 위험을 높이고 있다.

요즘 유튜브 쇼츠나 틱톡 같은 짧은 영상을 지나치게 자주 보지는 않나요? 이렇게 짧은 영상을 '숏폼(Short-form)' 콘텐츠라고 해요.

숏폼은 1분 안팎의 짧은 영상 콘텐츠를 말해요. 틱톡, 유튜브 쇼츠, 인스타그램 릴스 등에서 쉽게 볼 수 있어요. 많은 사람들이 길고 복잡한 영상보다는 제한된 시간 내에 자극적인 정보를 빠르게 보여 주는 숏폼을 좋아해요.

하지만 짧은 영상만 계속해서 보다 보면 주의력이 떨어지거나, 긴 글 혹은 설명에 집중하지 못하는 경우도 생겨요. 그래서 숏폼을 볼 때는 시간 조절이 아주 중요해요.

하루 동안 공부하는 시간, 쉬는 시간, 영상 보는 시간을 잘 나누면 더 건강하게 콘텐츠를 즐길 수 있답니다!

스마트폰 사용이나 숏폼 시청에 중독되지 않으려면 어떤 노력이 필요할까요?

초등학생이 가장 되고 싶은 직업은 ○○선수?

　　교육부와 한국직업능력연구원[1]이 발표한 '2024년 초중등 **진로** 교육 현황조사'에 따르면, 초등학생이 가장 선호하는 직업은 운동선수(12.9%)로 나타났습니다. 운동선수가 6년 연속 1위를 지킨 가운데, 의사(6.1%)와 크리에이터[2](4.8%)가 뒤를 이었습니다.

　　중학생과 고등학생의 희망 직업 1위는 모두 교사였습니다. 그 뒤를 이어 중학생은 운동선수, 의사, 경찰관 순으로, 고등학생은 간호사, 군인, 경찰관/조사관 순으로 응답했습니다. 특히 군인은 지난해보다 순위가 크게 올랐습니다.

　　이번 조사에서 고등학생의 진로 계획에 변화가 나타난 것도 주목할 만합니다. 대학 진학을 희망하는 비율은 66.5%로 지난해보다 줄었고, **취업**을 희망하는 비율은 13.3%로 증가했습니다. 진로를 아직 정하지 못한 학생도 12.0%로 나타났습니다.

　　교육부는 희망 직업이 다양하게 **분산되는** 이유로 직업 세계의 변화와 학생들의 가치관[3] 변화를 들었습니다. 이번 조사는 전국 1,200개 초중고등학교를 대상으로 진행되었습니다.

2024년 초중고등학생의 희망 직업 순위

	초등학생	중학생	고등학생
1위	운동선수	교사	교사
2위	의사	운동선수	간호사
3위	크리에이터	의사	군인

1) **한국직업능력연구원**: 직업 교육 훈련의 활성화 및 직업 능력 향상에 기여하기 위해 설립된 연구 기관

2) **크리에이터**: 유튜브 등과 같은 SNS에서 콘텐츠를 직접 만드는 사람

3) **가치관**: 어떤 것을 중요하게 생각하는 마음이나 태도

1

어휘 알기

다음 빈칸에 알맞은 말을 <보기>에서 골라 쓰세요.

보기
• 흩어지다　• 모임　• 선택하는　• 일

교과 어휘
1 **진로(進路)**: 앞으로 어떤 일을 할지 　　　　　 방향이나 계획

교과 어휘
2 **취업**: 돈을 벌기 위해 　　　　　 을 시작하는 것

교과 어휘
3 **분산되다**: 여러 곳으로 갈라져 　　　　　.

2

이해력

기사 내용과 일치하면 ○표, 일치하지 않으면 ×표를 하세요.

1 초등학생이 가장 희망하는 직업은 운동선수이다.　　　　[　　]

2 고등학생 중 대학 진학을 원하는 비율이 줄어들었다.　　[　　]

3 고등학생의 희망 직업 1위는 군인이다.　　　　　　　　[　　]

3

이해력

다음 중 기사 내용과 잘 맞는 문장은 무엇인가요?　（　　）

① 운동선수는 초등학생의 희망 직업 1위로, 6년째 유지되고 있다.

② 중학생과 고등학생 모두 의사를 가장 희망하는 직업으로 꼽았다.

③ 고등학생은 대부분 창업을 선택했다.

4 ➡️ 어휘력

다음 빈칸에 알맞은 말을 <보기>에서 골라 쓰세요.

보기   • 진로   • 취업   • 분산되었다

❶ 주변 도시로 인구가 　　　　　.

❷ 많은 사람들이 　　　　　을 하기 위해 준비한다.

❸ 나는 어떤 　　　　　를 선택할지 고민 중이다.

5 📖 문해력

이 기사에서 알 수 있는 사실은 무엇인가요?   (   )

① 학생들은 대부분 운동선수를 희망한다.

② 학생들은 언제나 같은 직업을 꿈꾼다.

③ 학생들의 희망 직업은 직업 세계와 가치관 변화에 따라 달라진다.

6 🔍 요약력

기사를 다시 한번 읽고, 글의 중심 문장을 완성하세요. ☐

직업 세계와 학생들의 　ㄱ　 ㅊ 　ㄱ　 이 변하면서 희망

　ㅈ　 ㅇ 도 다양하게 분산되고 있다.

진로(進路)
앞으로 어떤 일을 할지 선택하는 방향이나 계획

進

나아갈 진

'진로'의 進(나아갈 진)은 앞으로 나아가는 방향이나 길을 뜻해요.

이 한자가 쓰인 다른 교과서 한자 어휘도 알아볼까요?

- **진출**  어떤 분야나 장소로 나아가는 것

進 나아갈 진 / 出 날 출

- **진보**  정도나 수준이 점점 나아지는 것

進 나아갈 진 / 步 걸음 보

- **전진**  앞을 향해 나아가는 것

前 앞 전 / 進 나아갈 진

교과서 한자 어휘에서 알맞은 것을 골라 쓰세요.

❶ 힘들었지만 친구들과 함께 앞으로 계속 (　　　　)했어요.

❷ 대학교를 졸업한 후 해외로 (　　　　)하는 것이 꿈이에요.

❸ 우리 사회는 점점 더 (　　　　)하고 있어요.

앞으로 어떤 직업을 갖고 싶은가요? 그 직업을 선택한 이유도 함께 써 보세요.

초등학생이 뽑은 최고의 어린이날 선물은?

　올해 어린이날을 맞아 초등학생들이 가장 받고 싶어 하는 선물을 설문 조사한 결과 '디지털 기기'인 것으로 나타났습니다. 스마트폰이나 태블릿[1] 같은 디지털 기기를 고른 학생이 가장 많았고, '가족과 함께 보내는 시간', '반려동물[2]'이 그 뒤를 이었습니다. 지난해 1위였던 '현금·상품권'은 올해 4위로 밀려났습니다.

　초등교사노동조합[3]이 전국 초등학교 3~6학년 1,844명을 대상으로 조사한 결과, 어린이날에 가장 하고 싶은 활동으로는 '가족 여행'이 1위를 차지했습니다. '갖고 싶던 선물 받기', '자유시간', '놀이공원 방문'이 그 뒤를 이었습니다.

　초등학생들은 행복을 느끼는 데 가장 중요한 것으로 '화목한 가정'을 꼽았고, 되고 싶은 어른으로는 '친절하고 착한 어른'을 가장 많이 선택했습니다. 고민을 나누는 사람은 대부분 '어머니'였으며, '아버지'와 '친구', '형제자매'가 그 뒤를 이었습니다.

　부모에게 듣고 싶은 말은 '사랑해', 선생님에게 바라는 말은 '잘했어' 같은 칭찬이었습니다. 학교생활에서 가장 중요하게 생각하는 것은 '친구와 잘 지내는 것'이었고, '서로 존중하고 학교 폭력이 없는 환경'을 바란다는 응답도 많았습니다.

---

1) **태블릿**: 책처럼 들고 다니며, 손가락이나 펜으로 화면을 눌러 조작하는 작은 컴퓨터
2) **반려동물**: 사람과 함께 살며 가족처럼 지내는 동물
3) **초등교사노동조합**: 교육 환경을 더 좋게 만들기 위해 활동하는 초등학교 선생님들의 단체

1 어휘 알기

다음 빈칸에 알맞은 말을 <보기>에서 골라 쓰세요.

보기　　● 힘들게　　● 사이좋게　　● 찾아가는　　● 예의

교과 어휘
1 **방문**: 사람이나 장소를 ________ 것

교과 어휘
2 **화목하다**: 가족이나 친구가 ________ 지내다.

교과 어휘
3 **존중하다**: 다른 사람을 중요하게 여기며 ________ 바르게 대하다.

2 이해력

기사 내용과 일치하면 ○표, 일치하지 않으면 ✕표를 하세요.

1 초등학생들이 어린이날에 가장 받고 싶은 선물은 현금이었다. [　　]

2 가족 여행은 초등학생들이 어린이날에 하고 싶은 활동 1위로 [　　] 꼽혔다.

3 초등학생들은 선생님에게 "사랑해"라는 말을 듣고 싶어 했다. [　　]

3 이해력

다음 중 초등학생들이 부모님에게 가장 듣고 싶어 하는 말은 무엇인가요? (　　)

① 잘했어.

② 사랑해.

③ 열심히 해.

4

어휘력

다음 빈칸에 알맞은 말을 〈보기〉에서 골라 쓰세요.

> **보기**　　　• 화목한　　• 방문　　• 존중하는

① 대통령의 해외 　　　　　 일정이 발표되었다.

② 설날에는 온 가족이 모여 　　　　　 시간을 보냈다.

③ 상대방의 감정을 　　　　　 것이 성숙한 태도이다.

5

문해력

초등학생들이 학교생활에서 가장 중요하게 여기는 것은 무엇인가요?　　（　　）

① 점심시간에 맛있는 것을 먹는 것

② 선생님 말씀을 잘 듣는 것

③ 친구와 잘 지내는 것

6

요약력

기사를 다시 한번 읽고, 글의 중심 문장을 완성하세요.

> 한 번 더 읽었나요?

초등학생들은 선물뿐 아니라 가족, ㅅ ㄹ , ㅈ ㅈ 같은 가치를 소중히 여긴다.

어린이날

5월 5일은 무슨 날일까요? 맞아요, 바로 어린이날이에요. 어린이날은 아이들이 마음껏 뛰어놀고, 존중받아야 한다는 의미를 담은 날이지요. 우리나라에서는 방정환 선생님이 어린이날을 만들기 위해 힘쓴 결과, 1922년에 처음으로 어린이날을 기념하게 되었답니다.

▲ 어린이날을 만든 방정환 선생님

어린이날에는 부모님이 아이들과 함께 놀아 주거나, 선물을 주면서 사랑과 관심을 표현해요. 하지만 어린이날은 단순히 선물만 받는 날이 아니에요. '어린이가 행복해야 나라의 미래가 밝다'는 생각과 함께, 어른들이 아이들의 권리를 지켜 주어야 한다는 의미도 담고 있어요.

어린이날, 학교나 지역 사회에서는 어린이 축제를 열고 온 가족이 함께 즐거운 시간을 보내요. 이날 어떤 아이들은 놀이공원에 가고 싶어 하고, 어떤 아이들은 가족과 여행을 가고 싶어 하지요. 중요한 건 가족과 함께하는 시간 속에서 아이들이 행복과 사랑을 느낀다는 거예요.

여러분도 어린이날에는 자신이 얼마나 소중한 존재인지 기억하고, 가족과 함께 즐겁고 행복한 시간을 보내면 좋겠어요!

이 기사에서 초등학생들이 받고 싶은 선물 1위는 디지털 기기였어요. 나는 어린이날에 어떤 선물을 받고 싶나요?

Q1

듣기에 거슬릴 정도로 시끄러운 소리는?

예 공사장의 [ㅅ][ㅇ] 때문에 귀가 아팠어요.

Q2
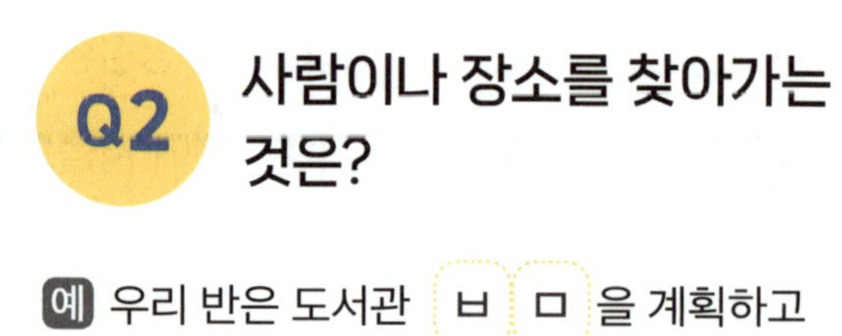

사람이나 장소를 찾아가는 것은?

예 우리 반은 도서관 [ㅂ][ㅁ] 을 계획하고 있어요.

Q3

다른 사람을 중요하게 여기며 예의 바르게 대하는 것은?

예 친구의 생각을 [ㅈ][ㅈ] 하는 것이 진짜 우정이에요.

Q4

잘못한 것을 인정하고 미안하다고 하는 것은?

예 동생을 실수로 밀쳐서 [ㅅ][ㄱ] 를 했어요.

Q5

돈을 벌기 위해 일을 시작하는 것은?

예 오빠는 대학을 졸업한 후 [ㅊ][ㅇ] 에 성공했어요.

Q6

가족이나 친구가 사이좋게 지내는 것은?

예 우리 반은 서로를 배려하는 [ㅎ][ㅁ] 한 분위기예요.

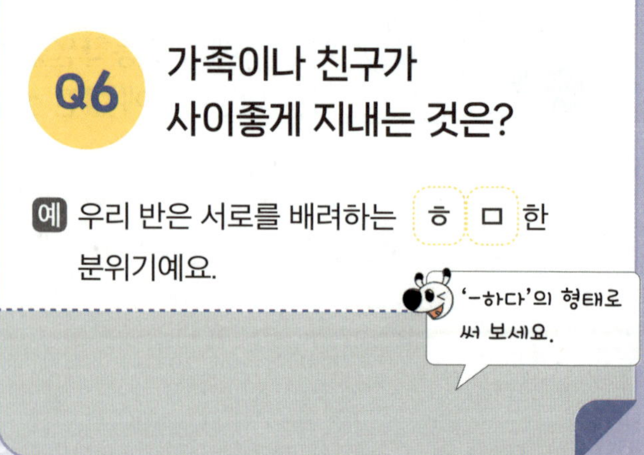

Q7 지금 실제로 존재하는 사실이나 상태는?

예 꿈도 중요하지만 ㅎ ㅅ 도 생각해야 해요.

Q8 상황에 따라 알맞게 맞추는 것은?

예 TV 소리 크기를 너무 크지 않게 ㅈ ㅈ 했어요.

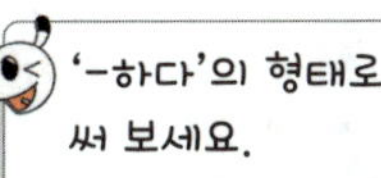

Q9 마음이나 몸에 흥분이나 반응을 일으키는 일은?

예 친구에게 ㅈ ㄱ 을 받아 열심히 공부하게 되었어요.

Q10 앞으로 어떤 일을 할지 선택하는 방향이나 계획은?

예 진지하게 ㅈ ㄹ 를 고민하는 친구들이 늘었어요.

Q11 여러 곳으로 갈라져 흩어지는 것은?

예 사람들이 한곳에 몰리지 않고 넓게 ㅂ ㅅ 되었어요.

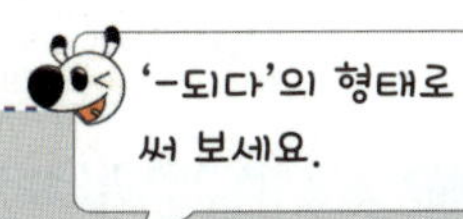

Q12 어떤 일에 집중하는 힘은?

예 수업 시간에는 ㅈ ㅇ ㄹ 을 높여야 잘 배울 수 있어요.

가로 열쇠와 세로 열쇠를 잘 읽고
빈칸에 알맞은 낱말을 써 보세요.

1	A		2 지	B		C
	3					
4/D				5		
			6			E
7	F				8	
	9	G		H		
				10		

🔍 가로 열쇠 →

1 노벨 문학상을 받은 우리나라의 작가　**단서**　☐☐ 작가의 작품은 세계적으로 큰 사랑을 받았어요.

2 오랜 시간 쌓여 만들어진 땅속의 층　**단서** 산을 깎아 보니 여러 겹의 ☐☐ 이 나타났어요.

3 고맙게 생각하는 마음이나 표현　**단서** 도움을 준 친구에게 마음속으로 깊은 ☐☐ 를 느꼈어요.

4 밥과 함께 먹는 여러 가지 음식　**단서** 밥상 위에는 김치와 나물 같은 ☐☐ 이 놓여 있었어요.

5 사람들 사이에 퍼지는 이야기　**단서** 전학해 온 친구에 대한 ☐☐ 이 금세 퍼졌어요.

6 물이 차가워져서 단단하게 된 것　**단서** 물을 얼리면 차가운 ☐☐ 이 돼요.

7 보고 들은 지식이나 경험　**단서** 여행을 다니며 쌓은 ☐☐ 은 큰 배움이 돼요.

8 높은 데서 물이 세차게 떨어지는 것　**단서** 산길 끝에는 시원한 물줄기가 떨어지는 ☐☐ 가 있었어요.

9 사람들이 많이 이야기하는 주제나 내용

10 대학에 들어가기 위해 보는 시험

🔍 세로 열쇠 ↓

A 귀주 대첩에서 거란군을 물리친 고려의 장군

B 아파트에서 위층과 아래층 사이에 나는 소리
　단서 아파트에서는 ☐☐☐☐ 문제가 자주 생기기도 해요.

C 다른 사람을 중요하게 여기며 예의 바르게 대하는 태도

D 함께 살아가는 가족처럼 소중한 개

E 몸을 움직이며 즐기는 운동이나 경기　**단서** 올림픽은 전 세계인이 함께 즐기는 ☐☐☐ 축제예요.

F 사람들이 함께 살아가며 만든 생활 방식

G 조상을 기억하고 감사하는 마음으로 음식을 차려 드리는 전통 의식
　단서 명절에는 조상님께 ☐☐ 를 지내요.

H 손바닥을 마주쳐 소리를 내는 행동　**단서** 무대에서 멋진 공연이 끝나자 큰 ☐☐ 가 터져 나왔어요.

바빠 초등 문해력 신문 1권

정답

① 정답을 확인한 후 틀린 문제에는 ☆표를 쳐 놓으세요.
② 그리고 그 문제들만 다시 풀어 보는 습관을 들이면 최고!

📝 내가 틀린 문제를 확인하는 습관을 들이면,
아무리 바쁘더라도 탄탄한 공부 실력을 쌓을 수 있어요!

| 과학＆환경 **01** | 13~15쪽 |

1 ❶ 크기 ❷ 어긋나는 ❸ 자세히
2 ❶ ○ ❷ × ❸ ○
3 ③
4 ❶ 단층 ❷ 규모 ❸ 조사
5 ③
6 지진, 대비

교과서 한자 어휘 ❶ 조절 ❷ 조화 ❸ 조리

| 과학＆환경 **02** | 17~18쪽 |

1 ❶ 다리 ❷ 버릇 ❸ 기계
2 ❶ × ❷ ○ ❸ ○
3 ③
4 ②
5 ②
6 지구 온난화, 불쾌감

| 과학＆환경 **03** | 21~23쪽 |

1 ❶ 만들다 ❷ 아껴 ❸ 예상하다
2 ❶ ○ ❷ × ❸ ○
3 ③
4 ❶ 절감할 ❷ 조리한 ❸ 전망했다
5 ①
6 인건비, 로봇

교과서 한자 어휘 ❶ 감소 ❷ 감량 ❸ 감축

| 과학＆환경 **04** | 25~26쪽 |

1 ❶ 숫자 ❷ 계산하다 ❸ 평소
2 ❶ × ❷ × ❸ ○
3 ②
4 ❶ 예년 ❷ 수치 ❸ 집계해서
5 ①
6 고기압, 지구 온난화

| 01~04과 어휘 복습 | 28~29쪽 |

Q1 규모 **Q2** 장치 **Q3** 절감하다
Q4 집계하다 **Q5** 전망하다 **Q6** 곤충
Q7 습성 **Q8** 수치 **Q9** 예년
Q10 조리 **Q11** 단층 **Q12** 조사

| 과학＆환경 **05** | 31~33쪽 |

1 ❶ 습기 ❷ 일부러 ❸ 실마리
2 ❶ × ❷ ○ ❸ ×
3 ①
4 ②
5 ②
6 환경, 산불

교과서 한자 어휘 ❶ 동의 ❷ 의견 ❸ 주의

| 과학＆환경 **06** | 35~36쪽 |

1 ❶ 함께 ❷ 좋은 ❸ 놀랍고
2 ❶ × ❷ × ❸ ○
3 ①
4 ②
5 ②
6 개기일식, 경제적

| 과학＆환경 **07** | 39~41쪽 |

1 ❶ 알아내거나 ❷ 땅 ❸ 벌어진
2 ❶ × ❷ ○ ❸ ×
3 ③
4 ①
5 ②
6 발자국, 대륙

교과서 한자 어휘 ❶ 간식 ❷ 공간 ❸ 시간

1 ❶ 곡식 ❷ 사라지다 ❸ 새로운
2 ❶○ ❷× ❸×
3 ②
4 ②
5 ③
6 꿀벌, 기후

05~08과 어휘 복습 46~47쪽

Q1 발견하다 Q2 합동 Q3 고의
Q4 대륙 Q5 건조하다 Q6 작물
Q7 실종되다 Q8 간격 Q9 개발하다
Q10 경이로움 Q11 단서 Q12 효과

1 ❶ 편리하다 ❷ 더러워지는 ❸ 지키다
2 ❶○ ❷× ❸○
3 ③
4 ①
5 ③
6 컵라면, 환경

교과서 한자 어휘 ❶ 오점 ❷ 오수 ❸ 오물

1 ❶ 가까운 ❷ 겉면 ❸ 햇빛
2 ❶○ ❷× ❸○
3 ②
4 ❶ 근처 ❷ 자외선 ❸ 표면
5 ②
6 지평선, 먼지

1 ❶ 바다 ❷ 거두다 ❸ 바깥쪽
2 ❶○ ❷× ❸○
3 ②
4 ❶ 외부 ❷ 해역 ❸ 수거해서
5 ①
6 바다, 사람

교과서 한자 어휘 ❶ 외과 ❷ 외출 ❸ 외교

1 ❶ 빠르기 ❷ 연락하는 ❸ 걱정하거나
2 ❶○ ❷× ❸○
3 ②
4 ❶ 초대 ❷ 고민 ❸ 속도
5 ②
6 자율 주행, 시범

09~12과 어휘 복습 64~65쪽

Q1 유지하다 Q2 수거하다 Q3 오염
Q4 외부 Q5 고민 Q6 초대
Q7 자외선 Q8 근처 Q9 표면
Q10 해역 Q11 간편하다 Q12 속도

1 ❶ 나타나는 ❷ 만나다 ❸ 길
2 ❶○ ❷× ❸×
3 ①
4 ①
5 ③
6 장마, 고기압

교과서 한자 어휘 ❶ 도장 ❷ 수도 ❸ 도덕

정답

과학＆환경 | 14
71~72쪽

1 ❶ 생기다 ❷ 기분 ❸ 자연스럽게
2 ❶ ○ ❷ × ❸ ○
3 ③
4 ①
5 ③
6 기부, 건강

과학＆환경 | 15
75~77쪽

1 ❶ 사라지는 ❷ 장소 ❸ 아껴
2 ❶ ○ ❷ × ❸ ○
3 ③
4 ①
5 ②
6 해빙, 멸종

교과서 한자 어휘 ❶ 조절 ❷ 절제 ❸ 절수

과학＆환경 | 16
79~80쪽

1 ❶ 감정 ❷ 숨기다 ❸ 잡다
2 ❶ × ❷ ○ ❸ ○
3 ②
4 ❶ 기분 ❷ 사냥하는 ❸ 감추었다
5 ②
6 보호색, 의태

13~16과 어휘 복습
82~83쪽

Q1 현상   Q2 절약하다   Q3 사냥하다
Q4 멸종   Q5 부딪히다   Q6 기분
Q7 발생하다 Q8 뿌듯함   Q9 감추다
Q10 도로   Q11 본능   Q12 터전

가로세로 낱말 퀴즈
84~85쪽

A개		B요		1수	C도	권
2기	상	청			서	
일				3관	D심
4식	E중	독		F자		사
	학		5운	율		
6/G외	교			7주	인	H공
출			8유	행		부

경제＆일상 | 17
87~89쪽

1 ❶ 돈 ❷ 익힌 ❸ 둘러보며
2 ❶ × ❷ ○ ❸ ○
3 ②
4 ③
5 ③
6 불편, 배려

교과서 한자 어휘 ❶ 관찰 ❷ 관객 ❸ 관중

경제＆일상 | 18
91~92쪽

1 ❶ 준비하다 ❷ 좋은 ❸ 방법
2 ❶ ○ ❷ ○ ❸ ×
3 ②
4 ①
5 ①
6 가격, 품질

1 ① 돈 ② 맡기고 ③ 기준
2 ①× ②○ ③○
3 ②
4 ① 동전 ② 단위 ③ 은행
5 ①
6 현금, 필요

교과서 한자 어휘 ① 단어 ② 단독 ③ 단순

1 ① 돈 ② 옮겨 ③ 이로운
2 ①○ ②× ③×
3 ③
4 ① 부자 ② 혜택 ③ 이주할
5 ①
6 부자, 세금

17~20과 어휘 복습   102~103쪽

Q1 관광　　Q2 단위　　Q3 부자
Q4 익숙하다　Q5 혜택　　Q6 동전
Q7 현금　　Q8 비결　　Q9 은행
Q10 장점　　Q11 이주하다　Q12 마련하다

1 ① 담기다 ② 한결같다 ③ 맞지 않는
2 ①○ ②× ③○
3 ②
4 ① 포함되어 ② 일정한 ③ 반대
5 ②
6 배달 앱, 제한

교과서 한자 어휘 ① 포장 ② 포괄 ③ 포용

1 ① 보내는 ② 돌려받는 ③ 손해
2 ①○ ②○ ③×
3 ①
4 ① 반품 ② 피해 ③ 환불
5 ②
6 온라인, 정직함

1 ① 사람 ② 건물 ③ 계획
2 ①× ②○ ③○
3 ②
4 ① 도시 ② 인구 ③ 사업
5 ②
6 인구, 정책

교과서 한자 어휘 ① 시내 ② 시청 ③ 시장

1 ① 올바르고 ② 태도 ③ 이야기하는
2 ①○ ②× ③○
3 ②
4 ②
5 ①
6 찬성, 반대

21~24과 어휘 복습   120~121쪽

Q1 반품　　Q2 인구　　Q3 정당하다
Q4 피해　　Q5 논의　　Q6 포함되다
Q7 반대　　Q8 대우　　Q9 일정하다
Q10 환불　　Q11 도시　　Q12 사업

정답

경제&일상 | **25** 123~125쪽

1 ❶ 싸다 ❷ 기관 ❸ 생각
2 ❶ ○ ❷ × ❸ ○
3 ②
4 ③
5 ①
6 전통 시장, 의무 휴업일

교과서 한자 어휘 ❶ 정치 ❷ 행정 ❸ 정책

경제&일상 | **26** 127~128쪽

1 ❶ 장소 ❷ 마음껏 ❸ 함부로
2 ❶ ○ ❷ × ❸ ×
3 ③
4 ①
5 ③
6 뷔페, 무제한

경제&일상 | **27** 131~133쪽

1 ❶ 주인 ❷ 훔치거나 ❸ 교육하다
2 ❶ ○ ❷ × ❸ ×
3 ②
4 ①
5 ①
6 단호, 인성

교과서 한자 어휘 ❶ 보육 ❷ 교육 ❸ 체육

경제&일상 | **28** 135~136쪽

1 ❶ 음료 ❷ 자리 ❸ 정해진
2 ❶ ○ ❷ ○ ❸ ○
3 ②
4 ①
5 ②
6 공공장소, 배려

25~28과 어휘 복습 138~139쪽

Q1 정부   Q2 무제한   Q3 도둑
Q4 저렴하다   Q5 공간   Q6 훈육하다
Q7 제한하다   Q8 의견   Q9 매장
Q10 점주   Q11 카페   Q12 낭비

가로세로 낱말 퀴즈 140~141쪽

1/A 주	민	B 등	록		
차		교			C 의
2 장	D 난			3/E 공	무	F 원
	이		4 성	공		인
5/G 양	도	H 세		장	
치		탁		6 소	I 방	서
		7 기	사		학	

교육&학교 | **29** 143~145쪽

1 ❶ 정한 ❷ 알아차리는 ❸ 가르쳐서
2 ❶ ○ ❷ × ❸ ×
3 ③
4 ②
5 ③
6 다이어트, 건강한

교과서 한자 어휘 ❶ 교실 ❷ 교훈 ❸ 교과

| 교육&학교 | **30** | 147~148쪽 |

1 ❶ 예술 ❷ 생활 ❸ 퍼지다
2 ❶ ○ ❷ × ❸ ×
3 ③
4 ❶ 문학 ❷ 확산하고 ❸ 문화
5 ②
6 문학, 확산

| 교육&학교 | **31** | 151~153쪽 |

1 ❶ 돈 ❷ 교과 ❸ 기운
2 ❶ ○ ❷ × ❸ ○
3 ③
4 ①
5 ②
6 마을, 활기

교과서 **한자 여휘** ❶ 학년 ❷ 학교 ❸ 학생

| 교육&학교 | **32** | 155~156쪽 |

1 ❶ 생활 ❷ 높은 ❸ 애쓰다
2 ❶ ○ ❷ ○ ❸ ×
3 ②
4 ①
5 ②
6 최선, 태도

29~32과 어휘 복습 158~159쪽

Q1 인식 **Q2** 습관 **Q3** 제도
Q4 노력하다 **Q5** 문학 **Q6** 문화
Q7 확산하다 **Q8** 학원 **Q9** 활기
Q10 일자리 **Q11** 진학하다 **Q12** 교육

| 교육&학교 | **33** | 161~163쪽 |

1 ❶ 처음 ❷ 시험 ❸ 순서
2 ❶ ○ ❷ × ❸ ×
3 ②
4 ③
5 ②
6 준비, 교사

교과서 **한자 여휘** ❶ 입학 ❷ 입장 ❸ 수입

| 교육&학교 | **34** | 165~166쪽 |

1 ❶ 주제 ❷ 알리다 ❸ 벌금
2 ❶ ○ ❷ × ❸ ×
3 ②
4 ❶ 화제 ❷ 부과한다 ❸ 게시했다
5 ①
6 예의, 게시

| 교육&학교 | **35** | 169~171쪽 |

1 ❶ 글 ❷ 마음 ❸ 스스로
2 ❶ ○ ❷ × ❸ ×
3 ②
4 ❶ 자존감 ❷ 감정 ❸ 문장
5 ③
6 사교육, 자존감

교과서 **한자 여휘** ❶ 감사 ❷ 감동 ❸ 공감

| 교육&학교 | **36** | 173~174쪽 |

1 ❶ 만들어서 ❷ 마음 ❸ 같이
2 ❶ × ❷ ○ ❸ ○
3 ②
4 ②
5 ①
6 감사, 소방관

33~36과 어휘 복습   176~177쪽

- **Q1** 게시하다
- **Q2** 감정
- **Q3** 부과하다
- **Q4** 절차
- **Q5** 화제
- **Q6** 문장
- **Q7** 시범
- **Q8** 발급하다
- **Q9** 여전히
- **Q10** 도입하다
- **Q11** 자존감
- **Q12** 정성

교육＆학교 | **37**   179~181쪽

1 ① 잘못한 ② 소리 ③ 지금
2 ① ○ ② × ③ ×
3 ①
4 ③
5 ②
6 사과, 현실

교과서 한자 어휘 ① 현장 ② 현재 ③ 현황

교육＆학교 | **38**   183~184쪽

1 ① 흥분 ② 집중하는 ③ 알맞게
2 ① ○ ② × ③ ○
3 ②
4 ① 주의력 ② 조절했다 ③ 자극
5 ②
6 숏폼, 과의존

교육＆학교 | **39**   187~189쪽

1 ① 선택하는 ② 일 ③ 흩어지다
2 ① ○ ② ○ ③ ×
3 ①
4 ① 분산되었다 ② 취업 ③ 진로
5 ③
6 가치관, 직업

교과서 한자 어휘 ① 전진 ② 진출 ③ 진보

교육＆학교 | **40**   191~192쪽

1 ① 찾아가는 ② 사이좋게 ③ 예의
2 ① × ② ○ ③ ×
3 ②
4 ① 방문 ② 화목한 ③ 존중하는
5 ③
6 사랑, 존중

37~40과 어휘 복습   194~195쪽

- **Q1** 소음
- **Q2** 방문
- **Q3** 존중하다
- **Q4** 사과
- **Q5** 취업
- **Q6** 화목하다
- **Q7** 현실
- **Q8** 조절하다
- **Q9** 자극
- **Q10** 진로
- **Q11** 분산되다
- **Q12** 주의력

가로세로 낱말 퀴즈   196~197쪽

1 한	A 강		2 지	B 층		C 존
	3 감	사		간		중
4/D 반	찬			5 소	문	
려			6 얼	음		E 스
7 견	F 문				8 폭	포
	9 화	G 제		H 박		츠
		사		10 수	능	

바빠 따라 쓰기

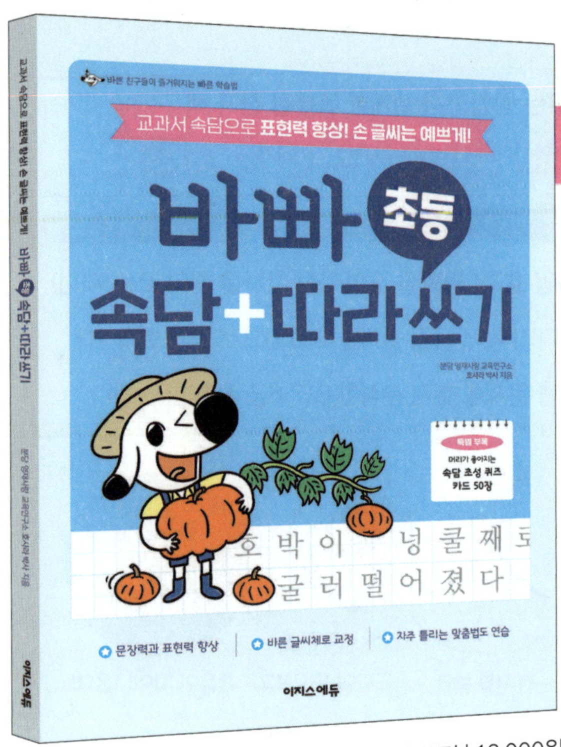

바빠 초등 속담 + 따라 쓰기 | 12,000원

영재 교육학 박사가 만든 속담 책!

교과서 속담으로 표현력 향상! 손 글씨는 예쁘게!

호 박사
바빠 초등 **사자성어+따라 쓰기**와 **관용어+따라 쓰기**두 있어요!